GRANDES ENIGMAS DE LA CIENCIA

Papel certificado por el Forest Stewardship Council®

A LULU

Penguin
Random House
Grupo Editorial

Primera edición: febrero de 2024

© 2024, Marian Mellén y Luis Quevedo
© 2024, Penguin Random House Grupo Editorial, S. A. U.
Travessera de Gràcia, 47-49. 08021 Barcelona
© 2024 , Enrique Carlos Martín Rodríguez, por las ilustraciones

Printed in Spain – Impreso en España

ISBN: 978-84-272-4049-0
Depósito legal: B-20.273-2023

Compuesto por MYR Servicios Editoriales, S.L.

Impreso en Huertas Industrias Gráficas, S.A.
Fuenlabrada (Madrid)

MO 40490

MARIAN MELLÉN
LUIS QUEVEDO

GRANDES ENIGMAS DE LA CIENCIA

120 PREGUNTAS (Y RESPUESTAS) SOBRE EL MUNDO QUE NOS RODEA

MOLINO

¿QUIÉN INVENTÓ EL LIBRO?

Es una buena pregunta, ahora que tienes este libro entre las manos. La respuesta no la tenemos, porque los libros son casi tan antiguos como la **civilización**. Además, como muchos de los grandes inventos de la humanidad, fue una idea que surgió de manera gradual y con la ayuda de muchas personas.

Pero ¿sabemos al menos cuándo se inventó? El primer libro que conocemos son unas **tablillas de arcilla** cocida que tienen unos cinco mil años y que se usaron en la **Antigua Mesopotamia**. Mil años más tarde, en el **Egipto** de hace cuatro mil quinientos años, aparecieron los primeros rollos de algo parecido al papel.

Estaban hechos de **papiro**, que es un tipo de planta muy fibrosa y abundante en el río Nilo. Con ella, hacían páginas de varios metros de longitud. Pero ¿cómo pasar páginas tan grandes en un libro? Tenía truco: los libros estaban hechos de tan solo una página estrecha pero muy larga que, al desenrollarse poco a poco, era fácil de manejar.

Los primeros libros como los actuales son **romanos**, de hace dos mil años: tenían muchas páginas y tapas de madera.

¿CUÁNDO SE INVENTÓ LA ESCRITURA?

La primera escritura que conocemos tiene cinco mil doscientos años de antigüedad y la inventaron en la antigua ciudad de **Uruk**, donde actualmente está **Irak**.

Pero no pienses que se usó para escribir cartas de amor o poemas. Los primeros escribas —las personas profesionales de la escritura, cuando esto de escribir era muy nuevo— se dedicaban al comercio y a los impuestos. Registraban quién debía qué a quién usando **arcilla y tallos de cañas**.

> El sistema de escritura que usaban se llama «cuneiforme» y consistía en hundir la punta de una caña cortada en una tablilla de arcilla húmeda. Luego, si querías quedarte la página, tenías que hornearla o secarla al sol.

Lo de escribir es tan buena idea que no se nos ocurrió una sola vez. En realidad, muchas civilizaciones en el planeta han inventado sistemas de escritura de manera independiente. En América, por ejemplo, los **mayas** inventaron un sistema propio hace unos dos mil años y, también de forma independiente, en la actual **China** hace unos tres mil años.

Pero ninguno de estos sistemas de escritura es el que usamos en este libro. Aquí usamos el alfabeto. Sin su desarrollo, la escritura habría sido mucho más difícil.

¿Y EL ALFABETO?

El alfabeto es uno de los inventos más importantes de la humanidad y se inventó en algún momento del segundo milenio antes de Cristo, probablemente por los **fenicios** que vivían cerca de Uruk.

Aunque usaban otros símbolos, el funcionamiento de su alfabeto era idéntico al nuestro: representaban **sonidos** usando dibujos de cosas cuyo nombre empezaba por ese sonido.

> ¿Un lío? Te pongo un ejemplo: dibujaban la cabeza de una vaca para simbolizar el primer sonido del nombre de la vaca en su lengua. Aunque no lo usamos igual que ellos, sí hemos conservado esa primera letra, que sigue siendo la primera de nuestro alfabeto: la A. Fíjate que, si le das la vuelta a una ∀, te queda una A. ¿A que parece una cabeza de vaca, con su forma triangular y sus cuernos a ambos lados?

El alfabeto se considera una gran innovación en la historia de la humanidad, porque es mucho más sencillo que la escritura en **pictogramas** o **jeroglíficos**. Los alfabetos tienen unas veintidós letras con las que puedes descifrar palabras nuevas que jamás te habías encontrado antes, como, tal vez, «gaznápiro». ¿A que, aunque no sepas qué significa, la puedes leer perfectamente? Esa es la magia del alfabeto.

¿CÓMO SE PUEDE ESCRIBIR SIN ALFABETO?

Hay muchas lenguas que no usan el alfabeto. Algunas de las primeras que hemos presentado —el cuneiforme de Uruk o los jeroglíficos de Egipto— utilizaban un **símbolo** para representar una palabra o un trozo de una palabra.

En la actualidad, el **chino** se escribe así, y tiene unos veintidós mil símbolos en total… aunque suelen usarse solo unos seis mil quinientos. Parece imposible, ¿verdad? Aunque no lo creas, hasta el siglo XVIII, más de la mitad de los libros del mundo estaban escritos en chino.

Los estudiosos creen que ningún sistema es necesariamente mejor que otro. El sistema de escritura chino requiere más **memorización**, mientras que nuestro alfabeto, el latino, precisa de más **análisis**.

¿POR QUÉ NO HABLAMOS TODOS LA MISMA LENGUA?

Nacemos con un poderoso instinto para el **lenguaje**. Con las palabras pasa igual que cuando tenemos hambre y comemos: nuestro instinto se adapta y se nutre de lo que escuchamos y, sobre todo cuando somos muy jóvenes, aprendemos sin dificultad.

Pero ¿por qué tenemos diferentes maneras de hablar, en lugar de una sola? No sabemos si alguna vez hubo algo parecido a una **lengua única**. Tal vez, cuando nuestros ancestros adquirieron la capacidad de hablar… pero ¿cómo sería aquella primera lengua? Lo desconocemos. Lo que sí sabemos es que, conforme los humanos nos multiplicamos y llegamos a todos los rincones del planeta, creció el número de personas y el de las lenguas que hablamos.

> Es normal que las lenguas cambien. Si lo piensas, seguro que hay algunas palabras que tú utilizas y tu familia no. El lenguaje se adapta con velocidad a las modas. Además, las palabras que usamos las personas nos identifican como parte de un colectivo.

Hoy, hay **7.168 idiomas** en el mundo y cuatro de cada diez están en peligro de extinción. En cambio, solo veintitrés idiomas representan más de la mitad de la población mundial.

¿QUIÉN INVENTÓ EL PAPEL?

Lo hizo **Cai Lun,** un inventor que vivió en China entre los años 50 y 120. En realidad, la idea de hacer papel con **fibras de madera** o **trapos viejos** existía en **China** desde tres siglos antes. Algunos científicos creen que en el Antiguo Egipto también se conocía el papel, pero que no se usó porque era más fácil y abundante el papiro.

En cualquier caso, Cai Lun fue quien consiguió perfeccionar el arte de hacer papel. Refinó todos los pasos de su producción: ingredientes, receta, maquinaria... Su papel era fácil de producir y muy barato, lo que hizo que se usara mucho más, primero en China y luego en toda Asia.

> Con el tiempo, los comerciantes árabes que visitaban China descubrieron los secretos de la fabricación de papel y copiaron la tecnología. En Europa, se utilizaba entonces pergamino, que era muy caro, y, en Egipto, escaseaba el papiro, que se empleaba desde el tiempo de los faraones.

Los principios básicos de las técnicas de fabricación de papel de Cai Lun se mantuvieron en uso hasta la llegada de la **Revolución Industrial** a Europa, cuando nuevas máquinas y nuevos conocimientos químicos permitieron la creación de un papel mucho más barato, resistente y duradero... como el que tienes entre las manos.

¿DE QUÉ ESTABAN HECHOS ANTES LOS LIBROS?

Aunque en la antigüedad el **papiro** era el rey de los soportes sobre los que escribir, tenía algunos **problemas**: se deshacía en ambientes húmedos y la planta a partir de la que se fabricaba, que solo crecía cerca de Egipto, se explotó tanto que empezó a escasear.

La solución, entonces, fue el **pergamino**: una especie de papel que se fabricaba con pieles de animales. Se usaban pieles de cordero, oveja, cabra, ternero y, en algunos casos, ¡hasta piel de ardilla!

> Para fabricarlo, la piel se sumergía en cal durante unos tres días; luego, se le quitaba el pelo y se raspaba. Finalmente, se le daba con piedra pómez (¡lo que se usa para quitar durezas en los pies!) hasta que la superficie quedaba lisa y uniforme.

Por aquel entonces, esas pieles abundaban por todas partes y, además, al contrario que el papiro, el pergamino aguantaba muy bien el paso del tiempo.

Según una **leyenda**, el rey de Egipto Tolomeo V prohibió la exportación de papiro por la preocupación de que su rival, Eumenes II, fundase una biblioteca en Pérgamo, una ciudad en la actual Turquía. Ante la falta de papiro, Eumenes hizo que se usaran **pieles de animales** en su lugar. Del nombre de la ciudad de Pérgamo viene «pergamino». Esto último seguro que es verdad… ¿y el resto de la leyenda?

¿CÓMO SE INVENTÓ LA IMPRENTA?

Johannes Gutenberg, inventor alemán, ha pasado a la historia como el creador de la imprenta. Como en muchos otros inventos, había ingenios parecidos antes, pero Gutenberg consiguió mejorarlos entre 1440 y 1454.

Una imprenta es una máquina que **transfiere tinta** de una superficie, normalmente con letras talladas en madera o metal, a otra, que puede ser de papel o de tela.

Aunque desde el siglo III había imprentas de madera en **China**, Gutenberg consiguió fabricar una máquina mucho más eficiente. La imprenta que Gutenberg inventó era capaz de imprimir hasta **doscientas cincuenta páginas por hora**.

La innovación del alemán fue utilizar el mecanismo de la prensa que se usaba en Europa para el vino o el aceite, con un gran tornillo de madera, y añadirle planchas de metal en las que el texto estaba hecho, una a una, con letras de metal que podía reordenar para hacer las diferentes páginas de un libro.

> **¿Sabías para qué la usó primero?** Para imprimir unos papeles oficiales que daba la Iglesia para perdonar pecados. Justo después imprimió el primer libro de imprenta de la historia occidental: la Biblia de Gutenberg.

¿QUIÉN INVENTÓ EL BOLI?

Esta historia tiene, al menos, **tres personas** como protagonistas: un estadounidense y dos hermanos de Hungría.

En 1888, **John Loud** registró una patente (un documento que demostraba oficialmente que él había inventado alguna cosa) para algo muy parecido a un bolígrafo de los de hoy. Tenía una bola metálica en la punta y un depósito de tinta, aunque tenía problemas: o **se secaba o goteaba**.

Muchos otros intentaron arreglar el invento, pero no lo consiguieron, hasta que llegaron los **hermanos Bíró**. László, el mayor, trabajaba de periodista y estaba harto de perder tiempo llenando plumas estilográficas y limpiando páginas manchadas de tinta. Como trabajaba en periódicos, se dio cuenta de que las tintas utilizadas para su impresión se secaban rápidamente, dejando el **papel seco y sin manchas**.

Su idea, por tanto, fue la de usar una pluma para ese tipo de tinta. László y su hermano György desarrollaron fórmulas de tinta especialmente viscosa para los nuevos diseños de bolígrafos.

Su éxito mundial llegó a través de un empleado británico, que pensó que sería útil para los aviones, porque funcionaba bien a grandes altitudes. El Gobierno británico compró la patente de los hermanos Bíró e hizo fabricar los bolígrafos para la Royal Air Force.

¿QUIÉN INVENTÓ EL PRIMER LIBRO ELECTRÓNICO?

El primer libro electrónico es de fabricación **gallega**. Lo inventó una profesora española llamada **Ángela Ruiz Robles**, que quería que la escuela fuera más intuitiva y divertida, y que la mochila del colegio no pesara tanto.

Se puso manos a la obra y, en 1949, registró su invento, que había bautizado como «Procedimiento mecánico, eléctrico y a presión de aire para lectura de libros». Hoy, lo llamamos e-book o libro electrónico.

Su «enciclopedia mecánica» tenía pulsadores muy fáciles de manejar que permitían que el alumno viera lecciones de forma **muy visual, interactiva y amena**.

> **Esas lecciones tenían dos partes: la primera con conocimientos básicos de lectura, escritura, numeración y cálculo; y la segunda funcionaba con bobinas de película que se veían sobre una lámina transparente. Antes de los libros modernos, ¡el de Ángela ya te permitía estudiar en la oscuridad!**

Lástima que en España no atrajera mayor interés. Años más tarde, un **académico norteamericano** volvería a inventar el libro electrónico.

¿Y LA ELECTRICIDAD?

> La electricidad no la inventó nadie, porque ya existía como fenómeno natural. Pero como descubridores sí que tuvo a unos cuantos.

Aunque el descubrimiento suele relacionarse con **Benjamin Franklin**, un inventor norteamericano que en 1752 voló una cometa durante una tormenta para demostrar que los relámpagos eran en realidad electricidad, hubo muchas personas antes y después que fueron clave para que entendamos qué es la electricidad.

El más antiguo que conocemos es **Tales de Mileto**, un filósofo griego que fue el primero en describir que, cuando se frota una piedra de ámbar con la piel de un animal, esta atrae plumas. Es la versión antigua de frotar un boli de plástico con tu jersey y atrapar trocitos de papel.

Mucho más tarde, en el año 1600, el científico inglés **William Gilbert** inventó la palabra «electricus», que significa 'parecido al ámbar'. Lo siguieron otros científicos, que fueron colocando piezas de este puzle antes que Franklin.

Después de Franklin, **Alessandro Volta** (el inventor de la pila) o **Michael Faraday** (un físico que hizo muchos descubrimientos sobre el electromagnetismo y nos ayudó a entender qué es realmente la electricidad) también fueron clave en el estudio de este fenómeno natural.

¿Y LA BOMBILLA?

Durante más de un siglo, la bombilla incandescente ha iluminado a la humanidad. Fue un **invento revolucionario**, pero que, cuando lees estas páginas, está de capa caída debido a la reciente invención de la lámpara led.

Detrás de la invención de la bombilla no hay un solo nombre, sino **muchas personas** que fueron aportando ideas, planteando un mismo problema hasta que uno, al final de esa larga lista de cerebros, dio con la mejor solución. Y en inventos que cambian el mundo, es lo preferible, porque esto muchas veces significa que pueden producirse en gran número, venderse a un precio más barato y llegar a la mayoría de la población.

Así fue con la bombilla incandescente. Científicos e inventores como Alessandro Volta, Humphrey Davy, James Bowman Lindsay, Warren de la Rue y William Staite dieron pasos muy importantes hacia la bombilla.

No obstante, los que están al final de esta cadena de ideas son: **Joseph Swan y Thomas Edison**, quienes inventaron la bombilla casi al mismo tiempo. Ambos usaron materiales parecidos para resolver los problemas que otros inventores no habían logrado solucionar.

De todos modos, fue **Edison** quien descubrió la mejor fórmula para convertir su invento en el primero **viable comercialmente**.

¿QUIÉN INVENTÓ EL PRIMER SUBMARINO?

Nadar y ver bajo el agua como un pez es un deseo tan antiguo como la humanidad. Hay testimonios de que en **Grecia** había buceadores que lograban respirar con una caña larga. Hay incluso historias sobre **Alejandro Magno**, difíciles de comprobar, que usó una campana de inmersión. Pero el submarino como tal no llegaría hasta mucho tiempo después.

El primer diseño fue del holandés **Cornelius Drebbel**, en el siglo XVII, pero quien lo terminó construyendo fue un inventor y militar español, **Isaac Peral**.

En 1888, inició la construcción de su submarino con materiales recogidos de toda Europa. La nave tenía un casco de acero de veintidós metros de largo y, en su torre central, había trampillas de entrada y un periscopio como los submarinos actuales. Peral aisló el interior con suelos de goma, puso iluminación eléctrica interna y sistemas de suministro de oxígeno. De entre todas sus innovaciones, dos fueron las más importantes: un motor eléctrico y un espacio para torpedos.

Siendo el más avanzado de su época, es una pena contarte que el submarino y su inventor encontraron la **oposición de sus superiores**, y la Armada Española decidió archivar el proyecto.

¿QUIÉN FUE EL ESPAÑOL QUE MÁS INVENTOS HIZO?

Tal vez sea este el nombre de la persona más genial pero menos conocida de la historia: **Leonardo Torres-Quevedo**.

Nació en Cantabria en 1852, y debió de ser una persona paciente, porque se tomó su tiempo con esto de inventar. Hasta los treinta y cinco años no registró su primera patente y, a partir de ahí, sus invenciones revolucionaron el mundo.

Inventó el **primer teleférico para pasajeros** del mundo en San Sebastián, en 1907. También **calculadoras mecánicas** muy avanzadas para su tiempo (porque aún no existía nada electrónico) y dirigibles (un tipo de vehículo volador previo a los aviones, que fue muy exitoso durante la Primera Guerra Mundial contra los submarinos).

No solo eso: ¡inventó el **primer mando a distancia** de la historia! Lo llamó Telekino. También fabricó el **primer ajedrez automático** de la historia.

Fue tal su fama e influencia que lo llamaron **«el más prodigioso inventor de su tiempo»**.

¿QUÉ INVENTOR HA INVENTADO MÁS COSAS?

Como es realmente difícil comparar inventoras e inventores, hemos decidido comparar los inventos que han registrado como patentes, algo así como los inventos «oficiales». Y el resultado de la búsqueda da a un claro ganador: **Shunpei Yamazaki**.

Este ingeniero electrónico japonés está a la cabeza de todas las personas que han registrado inventos, y ¡hasta tiene un **récord Guinness**! Su récord es como persona con una mayoría de patentes que lo acreditan como inventor, y se lo dieron el 30 de junio de 2016.

> Seguramente notarás algo raro en esto. La mayoría de los inventos importantes son el resultado del trabajo de mucha gente durante mucho tiempo. Y tienes razón. Yamazaki tiene más de 11.353 inventos a su nombre, porque fundó una compañía que se dedica a la electrónica: Yamazaki se aseguró de que todo lo que se inventa en su empresa lleva su nombre.

En segundo lugar, está un australiano llamado **Kia Silverbrook**, quien, en 2008, superó a Shunpei Yamazaki. Aunque el japonés volvió a superarlo nueve años después.

¿CÓMO SE INVENTÓ EL TELÉFONO?

La idea del teléfono es tan vieja como la humanidad, aunque la invención moderna se le atribuye a **Alexander Graham Bell**. A principios del siglo XIX, varios inventores intentaron transmitir el sonido por medios eléctricos por primera vez.

El primero que conocemos fue el francés **Charles Bourseul**, quien escribió sobre la idea, pero nunca la puso en práctica.

Antonio Meucci, un inmigrante italiano en Estados Unidos, comenzó a desarrollar el diseño de uno en 1849 y, unos años más tarde, en 1871, registró su idea, pero acabó por abandonarla por falta de fondos para desarrollarla.

Alexander Graham Bell construyó dos teléfonos en junio de 1875 y, aunque no se transmitieron palabras inteligibles, se escucharon sonidos «parecidos al habla». El 14 de febrero de 1876 registró su patente, pero **Elisha Gray**, profesor estadounidense, ¡registró también una idea similar el mismo día de la patente de Bell!

Como Bell había llegado unas horas antes, le dieron la razón a él y, desde marzo de 1876, se le considera el inventor del teléfono que, por cierto, no se utilizó hasta un año más tarde, cuando se instaló en las oficinas de una compañía de alarmas.

¿QUIÉN FUE LA PRIMERA PROGRAMADORA?

Programadora, porque fue una **mujer**: se trata de **Ada Lovelace**, una pionera de la computación que vivió en el siglo XIX.

Era hija de un matrimonio célebre: su padre era el poeta romántico lord Byron y su madre Annabella Milbanke, quien se aseguró de darle una educación de primer nivel a su hija.

Las matemáticas enamoraron a la joven Ada, una pasión que encontró su propósito cuando, en 1833, conoció a otro genio, el matemático **Charles Babbage**. Charles había creado una máquina calculadora mecánica llamada **«máquina diferencial»**, y tenía en mente una máquina mucho más potente que llamaba el **«motor analítico»**.

Lovelace, trabajando sobre la idea de Babbage, se dio cuenta de que la máquina analítica podía hacer operaciones muy complejas. Escribió un artículo en el que demostró cómo calcular una serie de números. Pues bien: ese artículo es considerado por los historiadores de la informática como el **primer programa informático**.

El trabajo de Ada y Charles nunca se materializó en una máquina real. Solo construyeron una pequeña pieza de la máquina antes de que Ada Lovelace muriera.

> Cada año, el segundo martes de octubre, se celebran las contribuciones de las mujeres a la ciencia, la tecnología, la ingeniería y las matemáticas (STEM, por sus siglas en inglés) en el Día de Ada Lovelace.

¿A QUIÉN LE DAMOS LAS GRACIAS POR EL WIFI?

Se llamaba Hedwig Eva Maria Kiesler, aunque casi todo el mundo la conocía como **Hedy Lamarr**. Hija de un rico banquero vienés, fue educada por tutores privados desde los cuatro años y, para cuando tenía diez, tocaba el piano, bailaba y hablaba cuatro idiomas. Años más tarde, abandonó los estudios de ingeniería para perseguir el sueño de ser actriz. Y lo consiguió.

Sería una pena que su belleza eclipsara lo que realmente la hizo pasar a la historia: inventó, junto con el músico George Antheil, la **«técnica de transmisión en el espectro ensanchado»**. ¿Qué es eso? Es una de las piezas esenciales para que funcionen todas las tecnologías inalámbricas que usamos hoy, incluido el móvil y el wifi.

> Pero ¿por qué una actriz de éxito mundial invertiría su tiempo en ese invento? Primero, porque le gustaba la ciencia. Segundo, porque estaba teniendo lugar la Segunda Guerra Mundial y, aunque vivía en Hollywood, su familia era judía y residía en Austria, donde los nazis estaban asesinando a ciudadanos judíos sin piedad. Aunque su invento no se llegó a utilizar hasta después de la guerra, esa fue su manera de ayudar.

¿CUÁNDO SE INVENTÓ LA RUEDA?

La rueda es un invento muy muy raro. Muchos de los inventos en la historia de la humanidad están inspirados por la naturaleza: un tenedor parece una rama de árbol, un avión copia a los pájaros… Pero no hay ruedas en la naturaleza. La idea de conectar una superficie circular a un palo y que el resultado dé vueltas es… **¡revolucionaria!**

Pero todavía es más rara la historia, porque las primeras ruedas no se utilizaron para transportar nada. Se usaron en tornos de alfarero: ese plato circular donde se coloca una pieza de arcilla húmeda y, mientras da vueltas, se moldea para hacer vasijas, por ejemplo. Ocurrió hace unos cinco mil quinientos años en **Mesopotamia**.

Tuvieron que pasar trescientos años antes de que alguien descubriera cómo usarlos para carretillas. Fue en la **Grecia clásica**, entre los **siglos VI y IV a.C.**

¡O tal vez fue antes! En 1975, unos arqueólogos descubrieron un jarrón de cerámica en Polonia que data de entre **el 3635 y el 3370 a.C.** Este jarrón tiene pintado lo que parece un **vehículo con ruedas**. ¿Inventaron los europeos el carro? Esto explicaría por qué muchas palabras asociadas con ruedas y carros derivan del idioma que se hablaba en lo que hoy es Ucrania.

Es una pregunta para los arqueólogos del futuro.

¿QUÉ SON LOS NÚMEROS?

Un número es una **herramienta** para la mente. Con los números, nuestro cerebro puede contar y hacer operaciones que son imposibles de otro modo, porque, por estudios hechos con tribus cuya cultura no tiene números, sabemos que a los humanos nos cuesta llevar cuentas a partir de ocho cosas.

> El primer número fue el uno. Eso es lo que piensan los científicos basándose en el hueso de Ishango, que, hace veinte mil años, fue usado por una persona para llevar las cuentas de algo. No sabemos qué contaba, pero sí tenemos claro que las marcas regulares cortadas en ese hueso son demasiado perfectas para ser casualidad.

Pero los números como los conocemos hoy llegaron más tarde. **Hace unos seis mil años**, las primeras ciudades lograron concentrar a mucha gente, animales, cultivos y comercio gracias a los números.

Primero, usaban fichas de arcilla para representar las cosas que compraban o vendían. Luego, como ya hemos visto, a alguien se le ocurrió la idea de hacer **muescas en una tabla de arcilla**, en lugar de ir cargado todo el día con lo que parecería una colección de juguetes.

Ese fue el **inicio de la matemática** y de la escritura. Ideas tan buenas que rápidamente fueron adoptadas por otras civilizaciones y sin las que el mundo tal como lo conocemos hoy sería imposible.

¿QUÉ ES EL NÚMERO CERO?

Los números son **fascinantes**. Nos permiten recordar fechas importantes, comerciar y calcular con tanta precisión que podemos poner satélites en órbita.

Y, de entre todos los números, el cero es el número más interesante de todos los que existen, porque ¿qué vale un cero? **¡Nada!** No vale nada. Inventarse un símbolo para la nada es una idea extraña… y también muy práctica.

El poder del cero se debe a que nos permite leer y escribir, de manera muy breve y sencilla, números muy grandes. En nuestro sistema de números, **su valor depende de la posición del número**. Por eso, con solo dos símbolos (el tres y el cero), podemos escribir números tan diferentes como: 0003 y 3000.

La magia del cero es lo que hace posible que veamos claramente que el primero es mil veces más pequeño que el segundo, solo porque la posición del número tres es **diferente**.

> Gracias al cero, nuestras matemáticas han evolucionado y nos han permitido construir mucha de la tecnología que disfrutamos. Piensa que incluso todo lo digital (internet, móviles…) funcionan gracias al sistema binario, un lenguaje numérico que se compone solo de dos cifras: el uno y el cero.

¿Y QUIÉN SE INVENTÓ EL NÚMERO CERO?

El cero fue un invento revolucionario y no está del todo claro quién se lleva el premio de haberlo inventado. Como muchas buenas ideas, parece que estaba esperando a ser descubierto.
Los antiguos escribas de **Sumeria** y **China** usaban **espacios** para marcar la nada. Es decir, nuestro «303» lo escribían como «3 3».
En la **Antigua Babilonia**, usaban una **cuña doble**, de manera que «105» se escribía parecido a «1=5».

Los **mayas** también inventaron un cero para su sistema numeral, que parecía una **semilla de café** o un **panecillo de Viena**:

En cambio, los griegos no lo usaron apènas; tampoco los romanos. Tendríamos que esperar hasta el año 628 para que **un hindú**, **Brahmagupta**, publicara un libro sobre astronomía en el que explicaba el cero como la **resta de un número por sí mismo** (3 - 3 = 0). Esta fue la primera ecuación con resultado cero, y aquí empezó la verdadera revolución del cero como herramienta matemática.

Pero en Europa tardamos mucho en darnos cuenta. No fue hasta seiscientos años más tarde cuando, a través de libros árabes, su poder llegó al viejo continente. El responsable fue **Leonardo Fibonacci**, quien lo tradujo del árabe «sifr» como «zephirum», la palabra que acabaría siendo **«cero»** en español.

¿QUIÉN INVENTÓ LAS TABLAS DE MULTIPLICAR?

Probablemente los **antiguos babilonios** fueron quienes, hace más de cuatro mil años, inventaron las tablas de multiplicar; tablas de verdad en ese caso, porque se escribían en **tablillas de arcilla**.

Los científicos creen que, a medida que su civilización creció en tamaño y complejidad, las matemáticas que necesitaban para construir edificios o comerciar eran cada vez más sofisticadas.

Las tablas de multiplicar servían para **acelerar cálculos diarios**: los comerciantes o cobradores de impuestos las llevaban consigo, porque aún no existían las calculadoras de mano (o la del móvil, que usamos todos).

Para encontrar la siguiente tabla de multiplicar interesante, tenemos que ir a la **China de hace veintitrés siglos**. Los arqueólogos encontraron hace poco los restos de una tabla de multiplicar que usa los números como lo hacemos hoy, con unidades, decenas, centenas… Es lo que se conoce como **base diez**. Aquella tabla tenía no diez sino diecinueve números: el 0,5; los números enteros del 1 al 9; y el 10, 20, 30… hasta el 90.

> ¿Para qué serviría aquella tabla tan especial? Los investigadores sospechan que, al igual que los babilonios, la utilizarían funcionarios del gobierno para calcular impuestos.

A TODO ESTO... ¿POR QUÉ INVENTAMOS TANTAS COSAS LOS HUMANOS?

Las personas también somos animales dentro de la enorme variedad de formas de vida que ha creado la biología en nuestro planeta. Como animales, no destacamos por nuestra velocidad ni fuerza, no tenemos largos colmillos ni podemos ver de noche. Vamos, que no somos sorprendentes, salvo por una cosa: estamos **obsesionados** con inventar cosas.

El superpoder de los *Homo sapiens* es la **cultura**. No podemos correr como el guepardo, pero podemos inventar un coche más rápido. No podemos volar como un halcón, pero inventamos un avión que supera la velocidad del sonido. Gracias a la cultura, desde hace cientos de miles de años, hemos ido acumulando **nuevos inventos e ideas diferentes** que luego podemos multiplicar gracias al lenguaje hablado, también gracias a los libros e internet.

Pero no te he respondido a la pregunta: ¿por qué inventamos? Seguramente una de nuestras tataratataratatarabuelas empezó a ser más curiosa e inventó mejores herramientas de piedra. Con esas herramientas, pudo obtener más y mejor alimento, y tuvo más hijos que heredaron su curiosidad. Si repites ese proceso muchas, pero que muchas veces, con el tiempo pasaremos de un ancestro parecido a un chimpancé que hacía sencillas herramientas con piedras a una ingeniera que hoy viaja al espacio.

ATAPUERCA: LA MÁQUINA DEL TIEMPO

En España, tenemos una «máquina del tiempo». No es broma, aunque tiene sus limitaciones. Con ella, podemos viajar al pasado, aunque no físicamente, sino con la mente. Su nombre es **Atapuerca** y es uno de los **yacimientos paleontológicos** más importantes del mundo.

Desde hace décadas, varios grupos de científicos excavan, con muchísima delicadeza, en el polvo y en la arena acumulados durante más de un millón de años dentro de lo que una vez fueron enormes cuevas naturales. Hoy, a causa de siglos y siglos de lluvias, viento y derrumbamientos, estas cuevas se parecen más a un pastel hecho de capas de roca y tierra. Pero es un pastel con sorpresa. Al igual que en un roscón de Reyes puedes encontrarte, enterrado en un punto insospechado, un haba o un rey, en el yacimiento de Atapuerca surgen, a veces, restos fósiles de animales que vivieron allí hace muchísimo tiempo.

Atapuerca no es el único «pastel» del mundo, pero sí uno de los que más «reyes» nos ha dado. En total, se han encontrado restos de **cinco especies** diferentes de nuestros antepasados que vivieron a quince kilómetros de lo que hoy es Burgos desde hace más de un millón de años hasta hace apenas cinco mil años.

Los restos encontrados en esta máquina del tiempo nos han permitido descubrir quiénes fueron y cómo vivieron nuestros ancestros más lejanos.

DIAN FOSSEY, LA AMIGA DE LOS GORILAS

Cuando era muy joven, Dian Fossey utilizó todos sus ahorros para cumplir el sueño de viajar a **África**: estaba dispuesta a hacer lo que fuera necesario para trabajar en ese continente.

Durante su safari en África, tuvo un encuentro con **gorilas** en su hábitat natural. Este momento cambió su vida para siempre. Se sintió tan conectada con estos animales que decidió dedicarse a aprender más sobre ellos. Sin embargo, la situación era complicada: los gorilas vivían en una región que atravesaba una situación política muy difícil y, además, los cazaban con crueldad.

A pesar de los peligros, Dian no se rindió. Decidió establecer su campamento en las montañas del centro de África. Desde ahí, logró acercarse a los gorilas y registrar sus comportamientos de manera detallada y, gracias a esos datos, aprendimos mucho de su vida e, incluso, **evitamos que se extinguieran**. Sin embargo, la amenaza de los cazadores furtivos se volvía cada vez más grave. Aunque era una investigadora, Dian Fossey declaró la guerra a quienes intentaban dañar a los gorilas.

Trágicamente, un día Dian fue encontrada asesinada en su cabaña. Su muerte fue un golpe devastador para todos. Gracias a ella, aprendimos la importancia **de proteger a los animales** y luchar por lo que realmente nos apasiona, incluso cuando supone duros desafíos.

¿DESDE CUÁNDO LA HUMANIDAD EMPEZÓ A ANDAR SOBRE DOS PIERNAS?

Aunque la fecha exacta nunca la sabremos, los fósiles que encuentra la ciencia nos dan pistas. Una de las más recientes dice que hace **siete millones de años**, un pariente nuestro muy lejano podía caminar sobre sus patas traseras.

Su nombre es **Sahelanthropus tchadensis** y parecía un chimpancé. Casi un chimpancé. Hace siete millones de años los ancestros de los chimpancés y los nuestros se estaban separando para convertirse en familias diferentes.

Los Sahelanthropus vivían parte del tiempo en las ramas de los árboles, a salvo de los depredadores, pero también podían bajar de estos y caminar sobre dos patas, asomando la cabeza por encima de la vegetación. Esto lo han descubierto los científicos examinando un **fémur** (el hueso más largo de la pierna) de Sahelanthropus, al comprobar que tiene las características de los animales que, como nosotros, caminan sobre dos patas.

Por cierto, algo **importante**: al caminar sobre las patas traseras y con los brazos libres, podían llevar frutas de un lado a otro, o, quién sabe, tal vez hasta herramientas.

¿CÓMO ERA EL PRIMER LENGUAJE QUE HABLAMOS LOS HUMANOS?

El primero nunca lo sabremos, pero sí podemos averiguar de qué lengua descienden las que hablamos hoy. Si lees este libro en español, has de saber que tu lengua tiene familia y se llama **indoeuropea**, que son las que se hablan en **Europa e India**.

> Todas las personas que hablamos lenguas indoeuropeas se lo debemos a... ¡la rueda! Sí, así es: hace cinco mil trescientos años, subidos en carros, personas que vivían en lo que hoy es Ucrania se extendieron por toda Europa e India. Al migrar, no solo llevaron consigo la rueda y el carro, también su lengua, una versión inicial del indoeuropeo: el protoindoeuropeo.

Para averiguar esto, la ciencia ha tenido que mezclar pistas de dos tipos:

Primero, **las palabras que se parecen en lenguas diferentes**. Te pongo un ejemplo. En otras lenguas, «madre» es: *Māter* (latín), *Mētēr* (griego antiguo), *Mātar* (iraní), *Mātr* (sánscrito hindú). ¿A que se parecen? Eso es porque descienden de una misma palabra original en protoindoeuropeo: *Méhtēr*.

Y el segundo tipo de pista ha sido la **genética**. Gracias a que podemos leer los genes de humanos que vivieron en ese tiempo, hemos podido comprobar las coincidencias genéticas y los lazos familiares de aquella historia.

¿POR QUÉ COMENZAMOS A USAR EL FUEGO?

La primera mano humana que usó el fuego no fue de nuestra especie, *Homo sapiens*, sino de nuestras predecesoras hace **cientos de miles de años**. No pienses en una pequeña hoguera encendida frotando unos palos de madera. El primer fuego se pareció más a una rama prendida por el relámpago de una tormenta tropical en algún rincón de la sabana africana.

¿Por qué, en lugar de huir como el resto de los animales, aquel antepasado nuestro caminó hacia la intensa luz y el calor abrasador, y tomó en su mano las llamas? No lo sabemos, no nos dejó sus memorias escritas. Lo que sí hemos logrado averiguar es para qué dos cosas importantísimas las usó: para **alargar el día y acortar la digestión**.

El fuego permitió que en las noches no reinara una oscuridad absoluta en la que éramos presa fácil de depredadores. Daba luz incluso cuando no había luna, al tiempo que ahuyentaba a los carnívoros. En esas noches largas, es probable que desarrolláramos nuestra capacidad de hablar y empezáramos a contar historias.

Además, al aplicar calor intenso a los alimentos, al cocinarlos, nuestras digestiones podían ser más rápidas y eficientes. Eso nos permitió ahorrar varios metros de intestino y dedicar la energía sobrante a desarrollar un cerebro más grande, con más… ¡chispa!

¿PARA QUÉ SIRVEN LOS ABUELOS?

¿Te has fijado que no hay otro animal con abuelos? Madre o padre, sí, pero ¿abuelos? Es un invento cien por cien humano. Siempre que encontramos una característica nueva en biología, los científicos nos preguntamos: **«¿Para qué servirá?»**. La vida suele ser muy tacaña y no hace nada que no le reporte un beneficio.

¿Para qué sirven los abuelos? Hay pistas que tú probablemente hayas vivido y pueden responder esta pregunta. Por ejemplo, muchas abuelas y abuelos cuidan de sus nietas y nietos. También nos enseñan muchas cosas: a encontrar setas en otoño, montar en bicicleta, nadar, hacer crucigramas… las posibilidades son infinitas. Hay muchas cosas que aprender de nuestros abuelos y de las personas ancianas, porque llevan más tiempo que nosotros en el mundo. Han tenido tiempo de descubrir lo que funciona, así como lo que no merece la pena.

Su papel como **cuidadores y maestros** es tan importante que, en muchas de las sociedades tradicionales que conocemos, las familias suelen vivir en casas donde hay, al menos, tres generaciones: hijos, padres y abuelos. Y esto es así porque la infancia humana es muy larga. Tenemos muchas cosas que aprender antes de ser adultos y vivir solos. Algo que sería mucho más difícil si no contáramos con nuestros mayores.

ANTES SOLO HABÍA CAZADORES: ¿Y POR QUÉ NO CAZADORAS?

Sí que había cazadoras, y muy buenas. De hecho, alguna abuela de la tribu era considerada como la mejor entre todos los cazadores. Ah, y también construían sus herramientas de caza favoritas **adaptadas a su cuerpo**.

Es muy razonable. Los humanos hemos sido **diversos y flexibles** en nuestras costumbres desde que empezara nuestra aventura como especie con nombre propio, *Homo sapiens*, hace más de doscientos mil años.

Entonces, ¿por qué antes se decía que solo ellos cazaban y ellas recolectaban? Pues por algo muy humano: **los prejuicios**.

Los primeros científicos que estudiaron esto eran en su mayoría hombres educados en una **cultura tradicionalmente patriarcal**, en la que el hombre trabajaba fuera de casa, mientras que la mujer se quedaba en el hogar con los niños. Su manera de ver el mundo les hizo **interpretar las cosas erróneamente**.

> **Por ejemplo, se hallaron restos de hace once mil años de antigüedad de una mujer con una punta de piedra puntiaguda, y los científicos pensaron que era una herramienta de cocina y no una punta de flecha para cazar. Interpretaron mal su descubrimiento solo por asociarse con una mujer.**

Siempre tuvimos las pruebas delante de las narices. Por suerte, ahora la ciencia está corrigiendo sus conclusiones y nos cuenta una historia más parecida a la **verdad**.

¿QUÉ FUE PRIMERO: EL HUEVO O LA GALLINA?

> ¡Ajá! Una de las preguntas clásicas. ¿Tú qué piensas? ¿Eres equipo huevo o equipo gallina? Te vamos a dar nuestra respuesta favorita: primero fue el huevo... pero no era de gallina.

¿Perdón? Si esta respuesta te ha confundido, no te preocupes, es un lío. Pero un lío delicioso con el que aprenderás algo sobre cómo funciona la **vida** en este planeta.

Los científicos creen que la vida empezó en la Tierra hace más de tres mil quinientos millones de años. No tenemos una foto del primer ser vivo, pero seguramente se parecía a una **bacteria de una sola célula**.

La vida se ha **transformado** a lo largo de millones de años hasta dar lugar a un planeta lleno de seres realmente alucinantes. Hay tantos y tan diversos que a los *Homo sapiens* no nos da tiempo de conocerlos a todos personalmente.

A los humanos nos gusta hacer grupos de cosas parecidas. En biología, la ciencia que estudia la vida, a los grupos los llamamos especies y a la gallina la conocemos como ***Gallus gallus domesticus***.

Si la primera gallina salió de un huevo, ¿quién puso ese huevo? No podía ser una gallina, porque **todavía no existían**. Lo más probable es que el huevo lo pusiera un ave muy parecida, el ***Gallus gallus bankiva***, que es como una gallina silvestre del sureste asiático, que domesticamos las personas hace milenios.

¿SE EXTINGUIERON DE VERDAD LOS DINOSAURIOS?

«Hace sesenta y cinco millones de años»: así es el principio de la historia del fin de los dinosaurios. Es probable que alguna vez te hayan contado, o quizá lo hayas visto en una peli, que la era de los dinosaurios llegó a su fin con la **caída de una gran roca espacial** en la Tierra.

Lo de la roca —que científicamente llamamos **«asteroide»**— es verdad: tenía entre diez y quince kilómetros de ancho y, al estrellarse muy cerca de lo que hoy es México, dejó un agujero de ciento cincuenta kilómetros de ancho y varios más de profundidad. Fue un absoluto **desastre para el planeta**. Hubo enormes incendios planetarios, y el polvo y el humo cubrieron todo el cielo, bloqueando la luz del sol y haciendo bajar la temperatura, lo que provocó un invierno que duró varios años.

Como resultado de aquel desastre, los dinosaurios, que habían dominado el planeta entero durante ciento sesenta y cinco millones de años, **se extinguieron**.

Bueno… No del todo: a esta historia hay que corregirle dos cosas. La primera es que los científicos saben hoy que no fue hace sesenta y cinco, sino hace sesenta y seis, y la segunda es que **no todos** los dinosaurios desaparecieron.

Es más, tú conoces a sus descendientes y hasta puede que hayas comido «dinosaurio-no-extinguido»: los dinosaurios aviarios tenían plumas y dieron lugar a los pájaros. Por ejemplo, el pollo es descendiente directo de los dinosaurios.

¿POR QUÉ ME PAREZCO A MIS PADRES BIOLÓGICOS?

La mayoría de las personas nos parecemos a nuestros padres biológicos, aunque no seamos copias exactas de ninguno de ellos.

¿Por qué? Es una pregunta que no pudimos responder hasta hace muy poco, cuando descubrimos que cada ser vivo —incluidos los humanos— tiene un **manual de instrucciones** dentro de nuestras células, llamado **ADN** o **ácido desoxirribonucleico**.

Todos tenemos en el ADN las indicaciones para que nos crezcan dos brazos, un corazón, un cerebro y todas las demás partes estándares de una persona. Pero no todos tenemos exactamente el mismo manual de instrucciones. Algunos aspectos varían, como los que dicen a nuestras células cómo será el color de nuestros ojos, la forma de nuestra nariz o lo altos que seremos.

La razón por la que nos parecemos a nuestros padres es porque **heredamos** la mitad de las instrucciones del ADN de nuestra **madre biológica** y la otra mitad de nuestro **padre biológico**.

Ah, si tienes hermanos, seguro que os parecéis, pero no del todo. Eso es porque cada vez que se mezclan los genes de los padres, el resultado es un pelín diferente. Eso, claro, a no ser que seáis **gemelos idénticos**. Pero eso lo dejaremos para una de las próximas preguntas.

LA DOBLE HÉLICE DE ADN

El **ADN** contiene nuestros genes y, en ellos, las instrucciones para construir y hacer funcionar nuestro cuerpo. Es el **«libro de instrucciones de la vida»**.

Pero no tiene páginas. La forma de la molécula de ADN es uno de los mayores descubrimientos científicos de todos los tiempos: **tiene forma de doble escalera de caracol**. Es decir, imagínate una escalera de cuerda que agarramos por un extremo y empezamos a girar sobre sí misma. Poco a poco se irá enrollando.

> Para leer el ADN, tenemos que desenrollar la parte que nos interesa, leerla y volverla a enrollar después, porque cada molécula dentro de tus células mide… ¡dos metros de largo! Muchísimo más que el tamaño de una célula.

En **1953**, descubrimos su **estructura**, sin la que no podríamos haber avanzado en el conocimiento de la genética ni tendríamos muchas de las terapias actuales contra enfermedades como el cáncer.

Este descubrimiento se lo debemos a **Rosalind Franklin** y **Maurice Wilkins**, por hacer las primeras «fotos» del ADN, y a **James Watson** y **Francis Crick**, por lograr explicar la estructura. Wilkins, Watson y Crick recibieron el **Premio Nobel en Fisiología o Medicina** en el año 1962. Rosalind Franklin, a pesar de haber sido investigadora clave, desgraciadamente, había muerto unos años antes.

¿QUÉ INSTRUCCIONES HAY EN EL ADN PARA HACERNOS COMO SOMOS?

La forma en la que el manual de instrucciones del ADN determina cómo somos y cómo funcionan nuestras células es fascinante. Los diferentes aspectos de nuestra apariencia, como el color de la piel o la forma de la nariz, se llaman **rasgos**. Las secciones del ADN que están dedicadas a un rasgo específico se llaman **genes**.

Todos tenemos los mismos genes, pero en **versiones diferentes**. Dos ojos, pero ¿azules o marrones? Las muchas posibles combinaciones de los genes con información sobre estos rasgos crean un montón de colores distintos de ojos.

> Mis hermanos han heredado, igual que yo, la mitad del ADN de nuestra madre biológica y la mitad del de nuestro padre biológico, pero cada vez es una mezcla distinta. Como resultado, somos parecidos, pero no iguales. Cada uno de nosotros tiene una combinación única de genes.

Además de nuestra apariencia física, las instrucciones de los genes permiten que todas las células funcionen. A veces, las variantes de los genes se combinan de tal manera que pueden dar como resultado que el cuerpo humano tenga dificultades para hacer su función. Es el resultado de lo que llamamos **«enfermedad genética»**.

¿SOMOS TODOS TAN DIFERENTES COMO PARECE?

Nuestra molécula de ADN lleva escritas sus instrucciones con solo cuatro letras: **A-C-T-G**. Si tomamos a dos personas y comparamos sus genes, letra a letra, pasaría algo sorprendente: serían indistinguibles a primera vista.

De cada mil letras, solo una sería diferente. Las personas somos un **99,9 %** idénticas. Eso te deja con un **0,1 %** aproximadamente de instrucciones para que tú seas tú y no seas yo.

¿Eso es mucho o poco? Pues no está mal si lo piensas, porque nuestro genoma tiene muchas **muchas letras**: 3.080.000.000 para ser exactos. Tres mil ochenta millones de letras en cada molécula de ADN, en cada una de tus treinta billones de células.

¿Cómo hemos calculado esos números tan alucinantes? Con mucho esfuerzo, un grupo de más de **dos mil científicos** de todo el planeta leyó, letra a letra, el genoma humano durante más de una década. A su trabajo lo llamaron el **Proyecto Genoma Humano** y se considera una de las mayores proezas científicas de la historia.

> **Gracias a aquel trabajo, y al que han hecho después otros muchos científicos para mejorarlo todavía más, conocemos el origen de miles de enfermedades, que podemos diagnosticar y tratar mejor; hemos aprendido cómo curar algunos tipos de cáncer; hemos desarrollado vacunas como la de la COVID-19, y hemos conseguido otros avances médicos espectaculares.**

¿QUÉ ES UNA MUTACIÓN?

Cuando hay una mutación, las instrucciones que contiene nuestra molécula de ADN **cambian**. Los cambios pueden tener consecuencias más o menos importantes. Incluso, algunos cambios, aunque modifican las instrucciones de un gen, no afectan al funcionamiento general del cuerpo. ¡Algo así como cuando *camvio* una B por una V, pero has leído la palabra «cambio» igualmente!

A diferencia de lo que pasa en las películas de **ciencia ficción**, la mayoría de las mutaciones no nos afectan. Nunca son tan beneficiosas como para darnos **superpoderes**, ni es fácil que nos causen una enfermedad… o te conviertan en un **zombi**.

¿Qué provoca esos cambios en la secuencia del ADN? Pues existen muchas causas diferentes. Por ejemplo, cuando una célula se divide en dos, tiene que hacer una copia de su ADN para cada una de sus hijas. A veces, mientras se copia, la célula comete algún **error**: una letra de más o de menos…

Pero ¡no solo es eso! Hay elementos que nos rodean, como la luz ultravioleta del Sol, el humo del tabaco o algunos virus, que pueden cambiar nuestros genes.

Pero tranquilo. No te vayas a quedar ahora encerrado en casa sin salir. Nuestras células tienen máquinas microscópicas en su interior para **reparar** mutaciones…

¿SON EXACTAMENTE IGUALES LOS HERMANOS GEMELOS?

Los gemelos idénticos tienen una apariencia... **idéntica**: ojos, nariz, boca, estatura, color de piel... y también su ADN. El conjunto de todos sus genes —lo que llamamos **«genoma»**— es idéntico. Por eso parecen una misma persona y nos puede costar distinguirlos. También es por lo que siempre tienen el mismo **sexo**.

> En cambio, los mellizos, aunque nacen el mismo día, comparten solo la mitad de sus genomas, como cualquier pareja de hermanos. Por eso pueden tener apariencias distintas.
>
> Ser mellizos es como venir de dos embarazos distintos pero que se dan al mismo tiempo, con dos mezclas de genes distintas.

Pero, si os fijáis con atención, veréis que los gemelos idénticos lo son cada vez menos, cuanto mayores se hacen. ¿Por qué? Pues porque ahí entra la **vida**: no solo tendrán cicatrices diferentes, también la alimentación, el deporte, tomar el sol o fumar y beber alcohol pasan factura al cuerpo y terminan generando **diferencias**. Nuestra apariencia es una **mezcla** de las instrucciones que dictan nuestros genes y las cosas que nos pasan a lo largo de la vida, que hacen que ciertos genes se activen o se desactiven.

La rama de la ciencia que estudia esa relación entre nuestro entorno y nuestros genes se llama «epigenética».

¿QUÉ SIGNIFICA CRECER?

Todos los animales crecemos. Empezamos la vida con un tamaño mucho menor que el que tenemos cuando llegamos a adultos. Buena parte de nuestra infancia la dedicamos a **alimentarnos** para que nuestras células se multipliquen y cambien de forma, alargando nuestros huesos y haciendo crecer nuestros músculos y el resto de los órganos.

El tamaño final que tenga una persona, su altura y volumen, es resultado de dos cosas: sus **genes** y el **ambiente** en el que se haya criado. Los genes nos llegan de nuestros padres y el resto —si comemos sano, hacemos ejercicio o dormimos lo suficiente— es cosa nuestra.

La **velocidad** a la que crecemos cambia durante nuestra vida. Por ejemplo, crecemos muy rápido durante el embarazo. Cuando nacemos, la velocidad se reduce y crecemos lentamente. A partir de los trece o quince años, cuando entramos en la adolescencia, volvemos a crecer muy rápido hasta los diecisiete o veintiún años, cuando paramos de crecer en altura.

Pero no todo es altura. El resto de las partes de nuestro cuerpo crece a velocidades y en momentos diferentes.

> La cabeza, con nuestro cerebro dentro, se desarrolla antes que cualquier otra parte del cuerpo. Al nacer, la cabeza de un bebé es enorme. Mide una cuarta parte de la altura total o, lo que es lo mismo, su cuerpo entero son cuatro cabezas de alto. En cambio, los adultos suelen medir siete cabezas.

¿POR QUÉ LOS CHICOS SUELEN SER MÁS ALTOS QUE LAS CHICAS?

En muchos animales resulta sencillo diferenciar a simple vista a hembras de machos: por el color del **plumaje**, por la **cornamenta** o, como en el caso de los humanos, por el **tamaño**.

En promedio, de adultos, los chicos suelen ser más altos. ¿Por qué se dan estas diferencias? La explicación está en nuestro ADN. Chicas y chicos tenemos casi los mismos genes. Lo único que realmente nos diferencia es un trozo de ADN que los chicos tienen y las chicas no: el **«cromosoma Y»**.

Esta pequeña diferencia —el cromosoma Y— hace que las chicas y los chicos lean o interpreten las instrucciones del resto de su genoma de manera diferente.

> **¿Cómo de diferente?** Imagina que un padre muy alto transmite el gen de su altura a su hija y a su hijo. La instrucción para crecer es la misma, pero, como las chicas y los chicos crecen en momentos y a velocidades distintas, es probable que su hijo, que tiene un cromosoma Y, acabe siendo más alto que su hermana, que no lo tiene.

Todavía no entendemos por completo cómo consiguen las células funcionar de distinta forma en el cuerpo de una chica y de un chico. Lo que sí sabemos es que quienes controlan esas diferencias son unas mensajeras químicas que llamamos **«hormonas»**.

¿QUÉ SON LAS HORMONAS?

Las hormonas son mensajeras, aunque, en lugar de llevar paquetes de un lugar a otro de la ciudad, montadas en una moto o una bici eléctrica, llevan **mensajes químicos** a través de la sangre entre células de nuestro cuerpo que están alejadas. Estos mensajes pueden controlar prácticamente todo: nuestra alimentación, nuestro comportamiento y hasta el crecimiento de nuestro cuerpo.

> No todas las células del cuerpo mandan estos mensajes. Las que lo hacen suelen estar en el cerebro, en el riñón, en el páncreas o en los órganos sexuales. El sistema que forman todas juntas lo conocemos como endocrino.

Pongamos un ejemplo de algo que ocurre en nuestro cuerpo varias veces al día: el mensaje de una hormona llamada **«insulina»**. Cuando comemos, nuestra sangre se llena de un azúcar especial: la **glucosa**. Hay unas células mensajeras en nuestro páncreas que, al detectar mucha glucosa en la sangre, mandan a todo el cuerpo la hormona insulina, que le dice al hígado que tiene que guardar esa glucosa, por si luego hace falta.

Por su parte, la **hormona del crecimiento** sale de células de una zona concreta del cerebro, sobre todo mientras dormimos. El mensaje llega a los músculos, a los huesos, al hígado… Entre todos, hacen que el cuerpo crezca. Tu edad, tu género y lo que comas van a controlar cuánta hormona del crecimiento se envía y, por tanto, lo mucho que vas a crecer ese día.

¿QUÉ SIGNIFICA ENVEJECER?

Hay mayores que no dejan de repetir que la edad es solo un número, que eres tan viejo como tú te sientes. La ciencia les da la razón (bueno, un poco).

La edad de una persona y lo joven o viejo que sea su cuerpo son cosas distintas. Dependiendo de nuestros **genes** y de qué **estilo de vida** hayamos tenido, podemos envejecer más o menos rápido.

> Hay hábitos que, por ejemplo, nos hacen envejecer, como el tabaco, el alcohol, la mala alimentación, tomar demasiado el sol o no hacer ejercicio. En cambio, hay otros hábitos que retrasan el envejecimiento, como una alimentación sana, hacer ejercicio o usar protector solar.

¿Qué tienen en común todas estas cosas? Pues que afectan a nuestro **ADN**. Si lo dañan mucho y nuestras células no dan abasto para repararlo, entonces envejecemos. Si ayudan a que se reparen los daños en nuestros genes, envejecemos más lento.

No te agobies, aunque nuestro ADN se daña hasta un millón de veces al día, las células tienen mecanismos muy eficientes para arreglarlo.

Todavía nos queda **mucho por investigar**. Por ejemplo, no sabemos por qué el ADN puede repararse en jóvenes como tú, pero no lo hace tan bien en mayores como nosotros.

¿QUÉ PASA EN NUESTRO CUERPO CUANDO ENVEJECEMOS?

Gafas para leer, canas y dolor en las articulaciones. Todo apunta a que hablamos de alguien viejo. Pero ¿sabías que el **envejecimiento** empieza cuando todavía somos muy jóvenes?

A partir de los **veinte años**, algunas células de nuestra piel dejan de fabricar sustancias elásticas y, entonces, aparecen las primeras arrugas. También los pulmones empiezan a funcionar un poco peor.

A partir de los **treinta**, nuestros cartílagos son menos flexibles y algunos movimientos se vuelven difíciles.

A partir de los **treinta y cinco**, aparecen canas, porque las células que fabrican la melanina (lo que le da el color a nuestro pelo) se van cansando.

A los **cuarenta**, leer se hace más difícil, porque el cristalino de nuestros ojos se vuelve más grueso y pierde flexibilidad.

Con **cincuenta y cinco**, los músculos se reducen y acumulamos grasa. Las venas y arterias pierden flexibilidad y aumenta la presión. Los riñones y el hígado también funcionan algo peor.

> **Por esto y otros pequeños desastres biológicos, algunas enfermedades son más frecuentes a medida que envejecemos: las cardiovasculares, el cáncer o demencias como la enfermedad de Alzheimer, por ejemplo.**

¿CUÁNTO VIVE UNA PERSONA?

Depende de muchos factores: dónde haya nacido, sus genes, su sexo o qué estilo de vida haya tenido.

Los años que esperamos que un bebé viva al nacer se llama **«esperanza de vida»**. Aunque varía mucho, si miramos a países ricos como España, la esperanza de vida se ha multiplicado por dos en el último siglo.

En **2021**, la esperanza de vida promedio para un bebé era de casi **69 años para los chicos y 74 años para las chicas**. Si miramos datos de Europa, es casi de 78 años para los chicos y de 83 para las chicas.

Pero si lo que quieres es vivir mucho, en casi ningún lugar mejor que en **España: los chicos tienen una esperanza de vida de más de 80 años y las chicas de más de 86**. Por delante solo están algunas regiones de Asia.

Los humanos de récord son los **centenarios**, es decir, aquellas personas que viven hasta los **cien años o más**. Hoy, existen más de medio millón de centenarios, el triple que en 1990.

> Muchos científicos creen que ciento veinte años es el límite de edad natural para los humanos. Más bien, para las humanas, porque ellas viven más que ellos por sus genes y estilo de vida (más deporte, más médicos y más cuidado). Al menos, ha sido así en los últimos años.

¿DE QUÉ ESTÁ HECHO MI CUERPO?

El cuerpo humano es como un Lego. Un Lego que, en lugar de **bloques** de plástico de diferentes tamaños y colores, tiene **células** con formas y funciones distintas. Eso sí, un Lego de los difíciles: con miles de **millones** de piezas.

> Cada una tiene una copia de tu genoma completo. Todo lo que es y sucede en nuestro cuerpo, desde la dureza de tus huesos o el rugir de tu estómago, lo hacen esos miles de millones de piezas, es decir, nuestras células. ¿Y de cuántas piezas estamos compuestos? Los científicos calculan que treinta billones en un cuerpo adulto.

Conocemos al menos trescientos tipos de células **distintas** del cuerpo. Tienen aspecto, tamaño y forma de vida diferentes. Las más abundantes son los **glóbulos rojos**, que transportan el oxígeno en nuestra sangre.

Aunque parezca una locura, el mayor número de células en el cuerpo humano… ¡no son humanas! Vivimos colonizados por alienígenas. Acarreamos billones de **bacterias** y **otros microorganismos**. ¡No te asustes! La mayoría son **beneficiosos**. Nos ayudan a protegernos contra infecciones, a que nuestro cerebro funcione correctamente… Bueno y, sí, algunos también son okupas de nuestro organismo. Eso o tal vez es que todavía no hemos averiguado qué hacen ahí. ¡Queda mucho por investigar!

¿Y DE QUÉ ESTÁN HECHAS MIS CÉLULAS?

Nuestro cuerpo funciona gracias a diferentes órganos que trabajan juntos: masticas con la boca un alimento que digieres en el estómago y que absorbes en el intestino, para, después, distribuir sus nutrientes en la sangre que bombea tu corazón. Las células que forman esos **órganos** están compuestas, también, por órganos **microscópicos** en su interior.

Cada célula tiene algo parecido a una boca, un estómago, incluso un cerebro. Estos miniórganos se llaman **«orgánulos»**. Pero ¿de qué están formados estos orgánulos? Son pura química: agua, proteínas, grasas, azúcares, algunos minerales… sin olvidar el ADN.

No todas las células tienen los mismos orgánulos, pero hay algunos que son **indispensables** para todas:

- Toda célula necesita piel, que se llama «membrana plasmática». Forma una burbuja a su alrededor y la separa del exterior.
- Las células también tienen un «esqueleto» llamado «citoesqueleto».
- Nuestras células también tienen un cerebro. Se trata del núcleo y es donde se guardan, se leen y se modifican las instrucciones de la célula: el ADN.
- Nuestras células tienen «miniestómagos», llamados «lisosomas».
- Para hacer que todo funcione, tenemos una fábrica de energía celular, que son las «mitocondrias».

¿POR QUÉ NACEN MÁS NIÑOS QUE NIÑAS?

¿Sorpresa? Tal vez no te habías dado cuenta, pero la naturaleza de los *Homo sapiens* ha hecho que nazcan más niños que niñas. Siempre. Hasta sabemos la proporción: por cada 100 niñas nacidas en el planeta, nacen 105 niños. Los datos acumulados durante varios siglos muestran que siempre se cumple esta proporción.

En cambio, si miramos a los mayores en la mayoría de los países, vemos que **hay más mujeres adultas que hombres adultos**. En personas de cincuenta años, la proporción es cercana a uno a uno; pero en personas de setenta años, solo hay 86 hombres por cada 100 mujeres; y en el tramo de cien años o más, solo hay 24 hombres por cada 100 mujeres. ¿Qué está pasando aquí?

Algunos científicos explican que la naturaleza hace que nazcan más niños porque ser niño o **ser hombre es «peligroso»**. Los hombres tienen más probabilidades que las mujeres de morir en la infancia y cuando se hacen mayores: por accidentes, riesgos y problemas de salud. Más hombres que mujeres al comienzo de la vida sirve para **compensar** que muchos más hombres que mujeres morirán antes de tiempo.

Pero, ojo: esto es una teoría y todavía nadie ha conseguido explicar cómo la evolución ha logrado ese particular truco de magia con los nacimientos.

¿QUÉ ES UNA CÉLULA MADRE?

Todas las personas empezamos nuestra vida a partir de una **sola** célula. Es la que resulta de la unión de un óvulo y un espermatozoide, y se llama **«cigoto»**. Pero ¿cómo llegamos desde ese cigoto hasta los treinta billones de células de trescientos tipos diferentes que forman a un humano adulto?

El secreto son las **células madre**: ¡tienen superpoderes! Pueden dividirse y convertirse en muchos tipos de células diferentes.

> El cigoto es la célula madre con más superpoderes, porque da lugar a todas las demás. Aunque también hay células madre con poderes menos espectaculares, que sirven para reemplazar las células que envejecen. Pero hasta los poderes de las células madre tienen límites. Seguimos enfermando, envejeciendo y muriendo.

Los científicos llevan años estudiando cómo funcionan estas células para usarlas en medicina. Por ejemplo, los científicos han descubierto una «receta» que permite hacer algo que creíamos imposible. Ahora, se puede **reprogramar** una célula cualquiera, borrar su memoria, transformarla en una célula madre y, usando una receta diferente, convertirla en nuevas células para la sangre, el cerebro, los huesos…

Los descubridores de estas «recetas», los científicos Shin'ya Yamanaka y John Gurdon, recibieron el **Premio Nobel en Fisiología o Medicina en 2012**.

¿POR QUÉ NECESITAMOS RESPIRAR AIRE?

> Los animales, y también las plantas, necesitan respirar. Cuando inspiramos, llenamos de oxígeno nuestro cuerpo y, cuando espiramos, eliminamos el dióxido de carbono. ¡Hacemos ese movimiento unas veintidós mil veces cada día!

Aunque lo hacemos con nuestra nariz o boca, lo más interesante sucede en el fondo de nuestros pulmones. Allí están los alveolos, donde se produce el intercambio de gases que nos mantiene vivos: **oxígeno (O_2) dentro y dióxido de carbono (CO_2) fuera**.

¿Por qué? Estos gases tienen que ver con cómo usamos el alimento que nos mantiene vivos y nos permite crecer. Nuestras células utilizan el oxígeno para obtener energía de los alimentos. Rompen las moléculas del alimento por oxidación (que es combinar algo con oxígeno). Esa energía es la que nos permite **movernos, pensar o crecer**.

Al oxidar el alimento, además de energía, la célula obtiene cosas que le sobran, como el dióxido de carbono. **¿Qué hace con él?** Aprovecha la misma sangre que trae oxígeno para que se lleve la basura. Esa sangre regresa a los alveolos, donde se quita el CO_2 de encima para volver a cargarse de O_2 otra vez.

¿PARA QUÉ SIRVEN LA PIEL, EL PELO Y LAS UÑAS?

La piel, el pelo y las uñas son la capa más externa de nuestro cuerpo. Esa capa no solo mantiene a raya microorganismos que podrían infectarnos. Nuestra capa externa ayuda a mantener nuestra temperatura o evita que perdamos agua.

La **piel** es, además, el órgano más grande que tenemos. Mide 1,8 metros cuadrados en un hombre y 1,6 en una mujer. Ese gran órgano se encarga de sudar para quitarnos el calor y de protegernos del sol con su color. Hay células nerviosas en la piel que nos permiten tener sensaciones como el tacto, el frío o el calor.

Nuestro **cabello** no solo sirve para llevarlo peinado: su función principal es aislar nuestra cabeza para que el cerebro no pase ni frío ni calor. Tenemos pelos en la nariz o las orejas que evitan que se nos cuele polvo u otros bichos. Las cejas y las pestañas protegen los ojos reduciendo la cantidad de luz y de partículas que les llegan. Los pelos que cubren el resto de nuestro cuerpo (lo que llamamos «vello»), si fuera largo como el de un perro, nos aislaría del frío y el calor, pero hace tiempo que perdió esa función.

Ah, y las **uñas** también tienen tareas propias: protegen las puntas de los dedos, que son muy sensibles, y nos ayudan a coger cosas pequeñitas. ¡Además de ser fundamentales para rascarnos!

¿PARA QUÉ SIRVEN LAS HUELLAS DACTILARES Y POR QUÉ CADA UNO TENEMOS HUELLAS ÚNICAS?

Seguramente lo hayas notado: tus palmas y tus plantas tienen una piel rara, **distinta a la de tu cuerpo**. Lo primero: no tienen pelo. Lo segundo: tenemos una serie de arrugas o crestas muy marcadas que dan forma a nuestras únicas huellas dactilares. ¿Por qué están ahí? No es cosa solo de humanos. Esas arrugas las tienen también otros animales que, aunque tal vez hoy no se pasen la vida en los árboles, sus antepasados sí lo hicieron. Algunos científicos piensan que esas arrugas en manos y pies ayudaron a agarrarse de las ramas.

Tenemos un dibujo diferente en cada dedo. Es tan único que los de las manos se usan para identificar a las personas. **¿Cómo es posible que sean únicas?**

Hace poco, unos investigadores han conseguido aclararnos qué sucede: mientras crecemos en el vientre de nuestra madre, células de la piel en nuestros dedos generan crestas. Al apelotonarse, van doblándose como si fueran una sábana, de manera irregular. Como los dibujos que hacen estas crestas comienzan a formarse en diferente lugar de la yema de cada dedo, **no hay dos dedos iguales, ni siquiera en una misma persona**.

El mecanismo para arrugar la piel es el mismo que la naturaleza usa para dibujar rayas a las cebras o manchas a los leopardos, que nuestros ancestros y nosotros hemos heredado.

¿POR QUÉ SE NOS ARRUGAN LOS DEDOS CON EL AGUA?

Mete los dedos en agua y tus yemas rápidamente empezarán a arrugarse. Nos pasa cuando nos damos un baño, pero también si estamos mucho tiempo bajo la lluvia.

Si alguna vez te han dicho que es porque la piel en tus dedos absorbe el agua… ¡Error! No es así. No solo no se hinchan con agua, **tus yemas se contraen para formar las arrugas**. El efecto está controlado automáticamente por la parte de tu sistema nervioso que se encarga de la respiración o el latido de tu corazón.

La respiración y los latidos son cosas importantes para seguir vivos. ¿Y qué relación tienen con esas arrugas? Algunos científicos creen que servían **para que nos agarráramos mejor a las ramas** cuando vivíamos en los árboles, mucho antes de ser *Homo sapiens*. Al igual que los neumáticos de un coche o de una bici tienen surcos para no resbalar cuando llueve, tus manos son más efectivas arrugadas.

> **¿Te lo crees?** Estos científicos demostraron que somos más rápidos cogiendo canicas mojadas con los dedos arrugados que secos. Quizá nuestros ancestros no cogieran canicas, pero sí herramientas de piedra o arpones para pescar.

¿POR QUÉ TENEMOS CINCO DEDOS?

Tus dedos de las manos y de los pies comenzaron su vida como bultitos en tu costado cuando eras solo un **embrión** de cuatro semanas. Dos semanas después, cinco pequeños cartílagos se formaron en su interior. En la séptima semana, como en un recortable, las células que separaban los cartílagos se murieron dejando la forma de tus dedos a la vista.

Esto no solo te pasó a ti: todos los vertebrados terrestres tenemos un ancestro común que tenía cuatro patas con cinco dedos. **¿Por qué cinco y no seis, o tres?**

Nuestras extremidades evolucionaron a partir de las **aletas de los peces**. Los **primeros dedos primitivos** de la historia aparecieron hace unos cuatrocientos millones de años en los **antepasados de los anfibios**, el grupo de animales de las ranas, por ejemplo. Lo interesante es que estos bichos tenían diferente número de dedos, a menudo más de cinco.

> No sabemos por qué la mano de no más de cinco dedos triunfó. Tal vez fue una casualidad. Lo que sí sabemos es que con menos de cinco dedos también hay quienes se desenvuelven muy bien: algunos dinosaurios tenían solo tres, o dos en el caso de los tiranosaurios. Sus descendientes, las aves, suelen tener cuatro, y algunas solo dos, como el avestruz.

¿POR QUÉ TENEMOS OMBLIGO?

El ombligo es la **primera cicatriz** que tenemos en nuestro cuerpo y se forma de manera natural cuando, después de nacer, nuestro cuerpo se prepara para alimentarse por la boca y no por el cordón umbilical.

Mientras estabas en el útero de tu madre, tu cordón umbilical estaba unido a tu ombligo por un extremo y a tu placenta por el otro. La **placenta** es un órgano que desarrollamos durante la gestación y que conecta nuestro cuerpo al de nuestra madre biológica. Allí es donde ella te daba alimento para crecer y oxígeno para respirar, y tú le dabas lo que te sobraba después de comer y respirar mientras crecías.

Cuando naciste, ya podías recibir leche a través de la boca y el cordón no era necesario. Entonces, por sí solo, tu cuerpo cerró el punto donde el cordón umbilical se unía a tu cuerpo y formó esa primera cicatriz: **tu ombligo**.

Pero ¿no nos cortaban el cordón umbilical los médicos?

Para separarlo de la placenta, sí, pero dejan un pedacito colgando que se caerá solo al cabo de unos días. Y no te preocupes, que no duele: el cordón **no tiene nervios** que le hagan sentir el dolor.

> Por cierto, nuestros ombligos son grandes como en delfines, orangutanes o ballenas. Gatos, perros o ratones también los tienen, pero son más pequeños y suelen estar cubiertos de pelo.

¿POR QUÉ TENEMOS DIFERENTES TIPOS DE DIENTES?

¿Has contado cuántos dientes tienes? La respuesta dependerá de cuántos años tengas… y **de cómo los cuides**.

Nuestros dientes son la parte más dura del cuerpo, porque están hechos de materiales como el **colágeno** o el **calcio**, y del **esmalte dental**. Además de masticar, también nos ayudan a hablar y pronunciar palabras con claridad.

> Los dientes son muy duros, pero, ojo, no durarán toda la vida a menos que los cuides mucho.

Los niños mayores de tres años suelen tener **veinte dientes**: son los dientes de leche. Los primeros dientes permanentes que salen son las muelas, y no dejan de salir nuevos hasta más o menos los veintiún años. La boca de un adulto, si se ha cuidado, seguramente tenga **treinta y dos dientes**:

● Los **incisivos**, que tienen bordes afilados y que ayudan a cortar la comida.
● Los **caninos**, que tienen una superficie afilada y puntiaguda para desgarrar la comida.
● Los **premolares**, que son más grandes que los caninos y los incisivos, y trituran y muelen los alimentos en trozos pequeños y fáciles de tragar.
● Los **molares**, que también rompen la comida en trozos pequeños y la machacan, antes de que la traguemos.

¿QUÉ ES EL HIPO?

Todos, alguna vez, hemos tenido hip… hip… ¡hipo!
El hipo se da por culpa de un músculo que tenemos entre los pulmones y los intestinos: el **diafragma**. Cuando tenemos hipo, metemos rápidamente aire en los pulmones, pero, en menos de un segundo, el diafragma se contrae, cerrando la entrada de aire. En ese momento suena el «hip» del hipo. Suena… mucho. **Entre cuatro y sesenta veces por minuto**.

> ¿Para qué sirve? Pues, ahora mismo, para nada, pero, cuando un bebé está en el útero de su madre, estos «hip, hip, hip» servían de entrenamiento para respirar y beber leche después. Al menos, eso creen algunos científicos.

Por suerte, el hipo suele durar poco tiempo. Aunque… el hipo continuo más largo duró más de sesenta y nueve años. ¿Te imaginas?

¿Te has dado cuenta de cuándo solemos tener hipo? Quizá alguna vez has notado que, cuando comes mucho o bebes un refresco con gas, aparece el hipo. Es porque la causa más común es el **ensanchamiento del estómago**. El picante, el alcohol o fumar irritan el estómago y los pulmones, y también pueden provocarlo. La ansiedad, porque nos hace tragar mucho aire, también puede causar hipo.

¿Cómo nos lo quitamos? Aunque no faltan los remedios caseros, lo mejor es **esperar con paciencia** a que se nos pase.

¿POR QUÉ LOS MOCOS SON VERDES?

Los mocos o, como nos gusta llamarlos a los científicos, **mucus** son un gel que recubre nuestra nariz, intestinos o pulmones, y suelen ser transparentes y no verdes o amarillos.

Los mocos cumplen una función tan importante como viscosa: **mantener los gérmenes fuera de nuestro cuerpo**. Si uno entra en nuestro cuerpo, se queda pegado en los mocos y, luego, se expulsa o nos lo tragamos para que sea destruido por el ácido de nuestro estómago.

Si la trampa no funciona y algún bicho logra infectarnos, entonces nuestro **sistema inmunitario** entra en acción.

Los glóbulos blancos están especializados en matar y comerse a los invasores. Para hacerlo, usan una especie de lejía llamada **«MPO»** (o mieloperoxidasa).

Pues la MPO resulta que es de **color verde**, de manera que, cuando los glóbulos blancos mueren después de luchar contra la infección, acaban en nuestros mocos y la MPO los vuelve de color verde o amarillo verdoso.

> **Mucha gente piensa que los mocos verdes significan que estás muy enfermo o que necesitas antibióticos para tratar la infección. Pero no es verdad. Los mocos verdes en realidad son una señal de que nuestro sistema inmunológico está funcionando y de que estamos mejorando.**

¿POR QUÉ NOS PONEMOS MORENOS CUANDO TOMAMOS EL SOL?

Cuando la luz del sol toca la piel, puede dañar el ADN de nuestras células. Pero no te agobies: nuestras células son capaces de fabricar su propio protector solar. Se llama «melanina» y es una familia de moléculas que bloquean la luz ultravioleta, que es la más dañina.

De toda la familia, la melanina más abundante se llama **«eumelanina»**, y es de color **negro-marrón**. Si tomamos mucho el sol, nuestras células intentan protegerse fabricando mucha eumelanina en la piel, y eso acaba por darle un color moreno.

Por cierto, las únicas células de la piel encargadas de producir melanina se llaman **«melanocitos»**, y también dan el color al pelo.

También tenemos melanina en los labios: se llama **«feomelanina»** y, gracias a ella, son de un color más rojizo. Es la misma que tienen los pelirrojos en el pelo. También hay personas con albinismo que no tienen melanina de ningún tipo, y por eso tienen la piel y el pelo muy blancos.

¿POR QUÉ TENEMOS QUE PONERNOS PROTECTOR SOLAR?

No existe un bronceado seguro. El hecho de estar más morenos significa que hemos dañado más nuestro ADN y nuestra piel por la **luz ultravioleta** que nos llega del sol. Esto es serio, porque aumenta la probabilidad de tener **cáncer** o **envejecimiento de la piel**.

Y, cuidado, aunque exista esta creencia, broncearse no protege tu piel de quemaduras. Es el **protector solar**, la «crema para el sol», el que sí lo hace. ¿Cómo lo consigue? Estos protectores tienen sustancias que absorben o reflejan la luz ultravioleta que nos quema. El factor de protección solar —que verás como **SPF** en las cremas— indica cuánta cantidad aproximada de rayos ultravioleta llegarán a la piel si te pones la crema. Por ejemplo, «SPF 15» significa que uno de cada quince rayos ultravioleta llegan a la piel. De todos modos, para una mejor protección, se recomienda protectores solares de no menos de cincuenta. Y recuerda que el número, por más grande que sea, no implica que su efecto dure más. Igualmente tendrás que ponerte la crema cada dos horas, aproximadamente, para que su protección sea efectiva.

> También ten en cuenta que no todos los protectores solares son cremas. Hay otros igual de efectivos, como la ropa, las gafas de sol o los sombreros. ¡Sin olvidarnos de las sombrillas!

¿POR QUÉ ES BUENO HACER DEPORTE?

Los médicos y científicos tienen muy claro que hacer ejercicio durante toda la vida nos mantiene bien de **salud** durante muchos años. Además de retrasar el envejecimiento, previene más de cuarenta enfermedades, como la diabetes, la obesidad, algunos tipos de cáncer, el dolor crónico o las enfermedades del corazón. ¿Y cómo es que moverse y moverse hasta sudar obra esa magia en el organismo?

Principalmente, porque mejora nuestros **pulmones** y el **corazón**. Los hace más resistentes y, así, nos duran muchos más años sin problemas.

Además, los científicos se han dado cuenta de que el ejercicio hace que nuestras células manden señales a las neuronas del cerebro para que sobrevivan más tiempo, funcionen mejor o, incluso, nazcan nuevas. Eso se traduce en que mejora nuestra **salud mental**: pensamos mejor y más rápido o nos concentramos mejor en clase; esto, claro está, también rebaja el riesgo de sufrir depresión y ansiedad, y previene enfermedades neurodegenerativas, que son, entre otras, aquellas que afectan al cerebro cuando nos hacemos mayores, como la enfermedad de Alzheimer o la de Parkinson.

El ejercicio es fundamental para que tu cuerpo se adapte a usar mejor el **azúcar** para tus células. Y esto ayuda a evitar dos de las enfermedades más comunes que existen hoy en día y que tanto nos preocupan: la obesidad y la diabetes.

¿POR QUÉ TENEMOS AGUJETAS?

El ejercicio es fundamental para mantenernos sanos. Pero, a veces, unas horas después de hacer ejercicio (o hasta al día siguiente) nos sentimos de todo menos sanos. Sentimos un **dolor molesto en los músculos**. A esta molestia que nos dura un par de días la conocemos popularmente como «agujetas».

¿Y por qué tenemos agujetas? Los científicos aún no conocen el motivo exacto de la aparición de este dolor, aunque se plantean dos posibilidades:

● Pequeñas **roturas de las fibras** que dan forma a nuestros músculos. Cuanto más utilizamos un músculo, más roturas tendrá y más agujetas sentiremos. Pero no te preocupes: aunque se rompa, luego se repara y, además, se hace más fuerte en el proceso.
● Al ejercitarnos, sube la temperatura de los músculos y, en algunos rincones, se producen **«microlesiones»**, que son pequeños daños que después el músculo también acabará reparando.

> ¿Quieres sufrir menos las agujetas? Los expertos recomiendan calentar bien los músculos antes de empezar a hacer deporte. Y no olvides estirar correctamente al terminar. No van a desaparecer del todo, pero seguro que duelen menos y hasta puede que desaparezcan mucho antes.

¿POR QUÉ LOS SERES HUMANOS SOMOS OMNÍVOROS?

Los seres humanos somos **omnívoros**, lo que significa que comemos vegetales, animales, productos animales (como el queso) y otros organismos (como los hongos). Casi todos los pájaros, muchos mamíferos y algunos reptiles y peces también son omnívoros. Pero ¿hemos sido siempre así? Nuestro propio cuerpo nos da las pistas sobre ello:

● Nuestros **dientes**. Tenemos caninos que desgarran como los carnívoros y molares que machacan como los herbívoros.
● Nuestro **sistema digestivo**. Es más simple que el de los herbívoros, aunque no es completamente incapaz de digerir plantas.

Ser omnívoro es muy interesante, ya que suelen tener mayores posibilidades de sobrevivir en condiciones difíciles que los animales que están obligados a comer solo vegetales o carne: podemos **ajustar la dieta**. Si todos los salmones desaparecen de un río, un gran felino que viva en ese hábitat no podría sobrevivir. Los gatos, por ejemplo, son carnívoros y no pueden digerir ni obtener nutrientes del material vegetal. Sin embargo, un oso sí que podría sobrevivir comiendo bayas, frutas, raíces e insectos.

Los humanos somos omnívoros por naturaleza y estamos adaptados a una dieta muy variada, pero eso no significa que estemos obligados a comer de una u otra forma. Alguien puede decidir, por ejemplo, seguir una dieta sin carne por motivos casi tan variados como la dieta de un omnívoro: por salud, por conciencia medioambiental o por no querer matar a otro animal.

¿QUÉ OCURRE EN MI CUERPO CUANDO COMO?

Comemos cuando tenemos hambre, pero ¿para qué necesitamos meternos comida en el cuerpo realmente?

La respuesta es doble: por un lado, el alimento contiene la energía que nuestras células necesitan para hacer todo tipo de cosas. Sin **energía**, no funcionamos. Pero la comida también nos da piezas con las que **reparar**, **aumentar o cambiar** nuestras células y, con ellas, nuestro cuerpo entero.

La parte de nuestro cuerpo que está dedicada especialmente a los alimentos se conoce como el **sistema digestivo**. Si observas bien los órganos que lo forman, te darás cuenta de que las personas —y el resto de los animales— tenemos un tubo más o menos retorcido y complicado por donde meter comida y sacar lo que no nos interesa.

> En la boca empieza todo: después, el alimento pasa por el esófago, el estómago, el intestino delgado, el intestino grueso y, lo que sobra, sale por el ano. A eso podemos sumarle el hígado, el páncreas y la vesícula biliar, y ya tendríamos todo lo necesario para alimentarnos. El resto de nuestro cuerpo es un conjunto de «complementos» para que podamos llegar a meter comida por este tubo.

A través del tubo van ocurriendo movimientos variados, y la comida combinada con sustancias químicas y millones de bacterias que nos ayudan (la llamamos **«microbiota intestinal»**) se descompone en sus piezas más pequeñas que absorbemos y que, a través de la sangre, distribuimos a todas las células de nuestro organismo. En eso consiste la **digestión**.

¿Y QUÉ OCURRE EN MIS CÉLULAS CUANDO COMO?

Todo lo que nuestras células hacen con el alimento que nos metemos en el cuerpo, incluido el aire que respiramos, es un proceso al que le ponemos un nombre científico maravilloso: **«metabolismo»**.

En cada instante, miles de millones de reacciones del metabolismo ocurren dentro de tu cuerpo. Todas exquisitamente controladas para mantener nuestras células sanas, y a ti con ellas, claro. Nuestras células usan para vivir un tipo de azúcar, la glucosa; trocitos de proteínas, aminoácidos; y unas grasas conocidas como ácidos grasos.

Dentro de las células, la maquinaria del metabolismo las descompone más todavía y de ellas extrae mucha energía (para saber más, lee: «¿Por qué necesitamos respirar aire?», en la página 54). Cuando acaba el proceso del metabolismo, lo que no sirve se elimina de muchas maneras diferentes.

El metabolismo es el **motor** de nuestro cuerpo y afecta, además, a cómo ganamos o perdemos peso. Esto se relaciona con las famosas calorías, que son la energía que nos da cada alimento. Una barra de chocolate tiene más calorías que una manzana, por lo que proporciona más energía. Si comemos más **calorías** de las que usamos, nuestro cuerpo guarda el exceso como grasa, como una despensa para más adelante. La cantidad de calorías que necesitamos depende de cosas como cuánto nos movemos y cómo está formado nuestro cuerpo.

¿POR QUÉ NO ME GUSTA EL BRÓCOLI?

Aunque las plantas no pueden salir corriendo cuando llega un herbívoro, tienen **armas especiales** para defenderse de sus dentelladas. Los vegetales usan defensas químicas con las que no necesitan mover ni una hoja.

Una muy habitual es tener un sabor desagradable para no resultar taaan apetecibles. La familia del brócoli o las coles de Bruselas son verdaderas expertas en ese efecto «aaargh». Las conocemos como las **Brassicaceae** y tienen una defensa química de lo más original.

Tienen dos sustancias químicas separadas en sus células, para que no se toquen. Cuando los tejidos de la planta se dañan, por ejemplo, al ser masticados, esas dos sustancias se mezclan y se convierten en **goitrina**, una molécula que resulta muy amarga.

Pero no a todo el mundo le desagrada el brócoli, ¿verdad? No todas las personas somos iguales. Algunas tenemos genes que nos hacen saborear la goitrina y escupir inmediatamente la comida, mientras que otras personas casi no perciben el sabor.

Los científicos han encontrado en algunas personas unas **mutaciones en el gen** que tiene las instrucciones para detectar el sabor amargo en la lengua. Esas mutaciones son las que hacen que el brócoli sepa a algo muy rico. O, al menos, no muy amargo.

¿Y POR QUÉ SÍ ME GUSTA EL BEICON?

¿A quién no le gusta el sabor de las cosas **ricas en grasa**? El gusto por el beicon o los pasteles es casi universal en las personas. «Normal», dirás, «porque están ricos». Pero ¿por qué nos parecen tan irresistibles los alimentos ricos en grasas? Pues porque la grasa es un gran invento de la evolución y nuestro cuerpo, como el de la mayoría de los animales, está programado para adorarla. Nos va la vida en ello.

> La grasa es la forma con la que nuestras células pueden almacenar de manera más eficiente la energía que las mantiene con vida. Aunque, en el mundo actual, lleno de comida ultraprocesada, rápida y rica en grasa, ¿qué necesidad hay de almacenar?

Ahora tal vez no la haya, pero, a lo largo de los millones de años de evolución previos, en los que morir de hambre era algo bastante fácil, nuestros cuerpos fueron programados para **adorar la energía**, sobre todo si llegaba en forma de grasa o azúcar. Por eso sentimos un impulso tan irresistible por ella.

Pero no vayas a pensar que evitarla es la respuesta. Para nada. La grasa en alimentos como el aceite de oliva o el beicon sigue siendo fenomenal para la salud en una dieta equilibrada. Eso sí, como en tantas cosas, ya lo decía el filósofo Aristóteles, **todo con mesura**.

¿QUÉ ES LA OBESIDAD?

Cuando se acumula mucha grasa en el cuerpo, puede verse dañada nuestra salud: si el exceso es pequeño, lo llamamos **«sobrepeso»**; si es un exceso grande, lo conocemos como **«obesidad»**. Y ninguno de los dos casos es simplemente un «problema de apariencia». Es un problema muy preocupante.

El sobrepeso y la obesidad hacen que sea más fácil sufrir un montón de **enfermedades diferentes**: desde problemas de corazón hasta cáncer, pasando por enfermedades en los músculos o la tan temida diabetes.

> Este exceso de grasa es hoy un problema enorme en el mundo entero, que mata a cuatro millones de personas cada año. En España, uno de cada diez niños es obeso, y más de dos tienen sobrepeso. En adultos, las cifras son todavía peores.

Muchas de las causas del sobrepeso y la obesidad se pueden evitar. Casi siempre se da por el consumo de muchas más **calorías** de las que gastamos. En el mundo, ha habido un aumento de alimentos ricos en **grasas y azúcares**. También ha disminuido la **actividad física**, porque hacemos trabajos más sedentarios, tenemos mejores transportes y vivimos en ciudades más cómodas para el día a día. Reducir los riesgos tiene una **receta clave**: debemos bajar la cantidad de grasas y azúcares, y comer frutas, verduras, legumbres, cereales integrales y frutos secos. Y, sobre todo, realizar actividad física cada día.

¿CÓMO DIFERENCIAMOS UN VIRUS DE UNA BACTERIA?

Virus y bacterias: los eternos enemigos de nuestro sistema inmunitario. Estos dos, con permiso de algún que otro bicho más grande, son los responsables de las **enfermedades infecciosas**. Es decir, son los que nos causan infecciones, moviéndose sigilosamente de persona a persona y haciendo que las enfermedades sean contagiosas. Pero ojo: ni todas las bacterias nos infectan, ni todos los virus nos ponen enfermos. **Solo algunos**.

Pueden parecernos igual de malvados, pero, en realidad, se parecen muy poco.

Los virus no están vivos, son los «no muertos» de la biología. Básicamente, son genes envueltos en un paquete capaz de entrar en una célula sin su permiso y que, una vez dentro, se ponen a hacer copias de sí mismos sin preguntar a nadie. El resto del tiempo no hacen absolutamente nada.

En cambio, **las bacterias sí que están vivas**. Comen, crecen, se multiplican y conocen a otras bacterias. Tienen hasta cierta vida social a su escala microscópica. Las bacterias pueden vivir en el suelo, en el agua, en las plantas o en el cuerpo humano.

También se diferencian en su tamaño. Aunque ambos son microscópicos, una bacteria es gigante en comparación con la mayoría de los virus. Hemos dicho microscópicos, pero la mayoría de los virus no pueden verse ni con un microscopio común. Si no usamos unos superpotenetes microscopios electrónicos, nada de nada.

¿CUÁL FUE EL PRIMER SER VIVO?

¿Quién empezó la historia de la vida en el planeta Tierra? Quién y cómo era exactamente el primero… es difícil saberlo. Lo que conocemos hasta ahora es que hace **4.500 millones** de años se formó nuestro planeta. Al principio era una masa de roca y metal ardiendo, pero en tan solo unos cientos de millones de años se enfrió lo suficiente para que aparecieran los océanos que hoy le dan su color azul. Es en esos océanos tan profundos donde se han encontrado algunos pequeños restos de lo que podría ser la **primera célula viva**.

En tan solo 600 millones de años —es decir, hace **3.900 millones de años**— es cuando aparece por fin una humilde célula con un potencial enorme, pues todos los seres vivos que hoy poblamos el planeta somos sus descendientes. Se llama **LUCA**. Significa *Last Universal Common Ancestor* o **último ancestro común universal**. Con el paso de los años, LUCA dio origen a bacterias y arqueas, dos tipos de microorganismos que hoy siguen existiendo. Y a partir de estos dos, al resto de los seres vivos. No sabemos mucho de cómo era pero sí sabemos que tendría un material genético parecido al nuestro y que proteínas, grasas y azúcares darían forma a su cuerpo. Poco a poco, esos primeros seres vivos se multiplicaron, mejoraron su metabolismo… y lo revolucionaron todo, hasta hoy.

¿CON QUÉ SE HIZO EL PRIMER SER VIVO?

La vida en la Tierra surgió hace unos **cuatro mil millones de años**, cuando las primeras células se formaron en la gigantesca sopa llena de moléculas que eran por aquel entonces nuestros **océanos**. Aunque parezca raro, en el fondo, la Tierra está cubierta de agua, y todo lo demás es roca que puede disolverse, como si de un azucarillo se tratase, en esa agua.

De alguna manera que aún hoy desconocemos, las primeras células se formaron. Lo que sí saben los científicos es que estas células debían de tener, al menos, una piel que las separase del resto del océano inmenso —lo que llamamos **«membrana plasmática»**—, un material genético y unas máquinas en su interior que les permitieran comer, repararse y, sobre todo, multiplicarse… o ni tú ni nosotros estaríamos hoy aquí. Si no lo has hecho todavía, este es un momento perfecto para leer el capítulo: «¿Y de qué están hechas mis células?» en la página 51.

> Todavía hoy no sabemos qué hizo que, en un momento dado, esas piezas mínimas se juntaran y dieran lugar a aquella primera célula. Algunos científicos creen que fue el azar. Estaban flotando en el agua y se juntaron. Pero no pasó una vez, sino millones o miles de millones de veces, sin que funcionara. Al menos uno de esos encuentros fortuitos dio con la proporción perfecta de todos sus ingredientes y resultó en algo parecido a una célula… hasta hoy.

¿CUÁL ES EL SER VIVO MÁS ABUNDANTE EN LA TIERRA?

Hasta ahora, se han descrito **1.900.000** especies vivas en el planeta. Este es un número aproximado: en grupos como los mamíferos, las aves o las plantas, podemos contarlas razonablemente bien, pero, en otros grupos de seres microscópicos, es una tarea casi imposible. ¡Hay quien piensa que el número real de especies podría estar entre cinco y cincuenta millones! Y de entre ellas, ¿cuál es la más numerosa?

Hace unos pocos años, se descubrió una bacteria que vive en todos los océanos del planeta, a la que llamaron ***Candidatus Pelagibacter ubique***, y parece que es el organismo vivo más abundante del mundo. Creen que hay cerca de 2.000.000.000.000.000.000.000.000.000 —dos mil cuatrillones— de esas bacterias. Además, al parecer, es el ser vivo que necesita menos genes para vivir libre en el medio. Una campeona.

Como curiosidad final, a los virus no los contamos como parte de la biodiversidad. Parece que solo se comportan como si estuvieran vivos si están infectando a alguna célula, nunca por libre. Si los tuviéramos en cuenta, puedes estar seguro de que algún virus sería el ser más abundante del planeta.

UNA SETA... ¿ES UNA PLANTA?

No, no lo es... aunque es verdad que muchas lo parecen.

En 1735, **Linneo**, un botánico sueco, inventó un sistema para clasificar a todos los seres vivos, que es tan útil que todavía hoy se utiliza. Dividió a los seres vivos en dos reinos: ***Vegetabilia*** (para las plantas), ***Animalia*** (para los animales). Desde entonces, los científicos han mejorado bastante la clasificación. Aunque aún hay cierta discusión sobre cuántos reinos debería haber, estos son los seis reinos sobre los que más acuerdo hay:

- **Bacterias:** seres microscópicos de una sola célula.
- **Arqueas:** se parecen a las bacterias, pero tienen diferentes genes que las hacen muy distintas.
- **Protistas:** viven en el agua y tienen una o más células. Algunos usan la luz solar para hacer alimentos y otros se parecen más a los animales.
- **Hongos:** viven en lugares húmedos y pueden ser microscópicos o gigantescos. Se alimentan de plantas muertas y materiales en descomposición. Los más comunes son los champiñones. ¡Champiñones! Por tanto, las setas no son plantas: son un trozo de hongo que asoma por fuera de la tierra.
- **Plantas:** las plantas convierten la energía del sol en alimentos. Pueden variar mucho en tamaño y vivir en tierra o en agua.
- **Animales:** los animales necesitan comer a otros seres vivos para alimentarse. La mayoría tiene medios para desplazarse, como patas, alas o aletas. En este grupo se incluyen a los peces, reptiles, anfibios, aves y, claro, a nosotros los mamíferos.

¿POR QUÉ HAY ANIMALES QUE DAN LUZ?

La mayoría de los seres vivos que brillan con luz propia viven en el océano: peces, calamares, medusas o bacterias, algunas de las cuales brillan con tanta fuerza que iluminan el mar durante horas. Otros, unos pocos, se encuentran en tierra firme, como las luciérnagas o algunos hongos. ¿Sabes por qué se iluminan?

Tener luz les puede servir para dos cosas: **despistar a sus depredadores** o, al revés, **atraer a las presas para cazarlas**. También hay quien brilla por amor, **para seducir a una pareja**, como las luciérnagas. Pero ¿cómo brillan sin enchufarse a la corriente y sin cargarse con baterías? Aquí también hay dos respuestas: **química y física**.

Algunos lo hacen con **química**: mezclan sustancias en su cuerpo que, al reaccionar, producen luz. A esto lo llamamos **«bioluminiscencia»**, y es la que tiñe de luz azul o verdosa —que es la que mejor se ve en el agua— el mar. En tierra, las luciérnagas y algunos caracoles, lejos del agua, usan el color amarillo.

Los que usan la **física** aprovechan **moléculas fluorescentes** —sí, igual que los palitos de luz que podemos usar en una fiesta de noche—, que recogen luz del sol durante el día y luego, en la oscuridad, la devuelven en color verde o azul.

¿POR QUÉ SE EXTINGUEN LAS ESPECIES?

Una especie se considera extinta cuando **ya no vive** en ningún lugar del planeta. ¿Y por qué ocurre? Normalmente porque los últimos miembros de su grupo se quedan sin alimento, agua, refugio o el espacio necesario para sobrevivir. O, claro está, por un cambio en su ambiente, como una enfermedad, que los elimine.

> Esto puede suceder poco a poco, en cientos de miles o incluso millones de años, o de golpe, con una inundación, terremoto u otro desastre natural. Cuantos menos individuos tenga una especie, mayor será el peligro de desaparecer de golpe. Las especies que viven muy aisladas tienen más probabilidades de extinguirse, ya que muchos individuos a la vez pueden sufrir del mismo problema: sequías, depredadores o la destrucción del hábitat, por ejemplo.

Extinguirse es bastante habitual en biología, pero la vida no termina, porque **otras especies** llegan en su lugar.

Hoy, por efecto de la **actividad humana** en el planeta, estamos **acelerando el ritmo de extinción** de muchas especies, sin dar tiempo a que aparezcan otras para ocupar su lugar. No es que vayamos a terminar con la vida en el planeta, pero seguro que la vamos a empobrecer durante un largo tiempo. Las actividades humanas que ponen en peligro a las especies incluyen la deforestación, la pesca, la caza, la contaminación y el cambio climático.

¿SE PUEDE REVIVIR A UN ANIMAL EXTINTO?

Sí, se puede. Los primeros científicos en conseguirlo fueron unos españoles que recuperaron una especie de cabra montesa, el **bucardo**, que solo vivía en los Pirineos.

Después de muchos años de caza intensa, los científicos estaban intentando recuperar a la especie, pero, en 1999, la última cabra murió. Entonces, un grupo de investigadores decidió **congelar células** de la piel de este animal e intentar recuperarlo. Lo que hicieron se llama **«clonación»** y consiste en ponerle los genes de un animal a un óvulo que va a empezar a desarrollarse de otro animal. La mamá tiene que ser de una especie cercana: en este caso, fue una cabra montesa parecida al bucardo.

El proceso no es nada fácil y, en este caso, no funcionó bien y la nueva cabrita murió a los pocos minutos de nacer. Desde entonces, algunos grupos de científicos quieren mejorar sus conocimientos y técnicas para traer a la vida a otras especies que ya no están en el planeta.

> Lo imprescindible es tener su ADN y algún animal que todavía viva que se parezca al que queremos «resucitar». Por ahora, hay planes para hacerlo con el mamut lanudo, el tigre de Tasmania y el dodo. Dicen que podrían conseguirlo antes de 2030. ¿Tú qué crees?

¿POR QUÉ LA MAYORÍA DE LAS PLANTAS SON VERDES?

Los árboles gigantes de la selva de la Amazonia, las plantas de tu casa y las algas en el océano tienen algo en común: su color. El verde es el color predominante en el reino de las plantas. ¿Por qué verde, y no azul, rojo o gris?

Para entenderlo, es importante saber que la luz que nos llega del Sol, aunque la vemos blanca, es en realidad una **combinación de todos los colores de un arcoíris**. Esa luz es la que utilizan las plantas para fabricar su alimento, aunque no saben utilizar todos los colores por igual. El que menos aprovechan es el verde. Como el resto de los colores quedan dentro de la planta, **el verde es el que «rebota» en las hojas. De ahí su color**.

> Pero, como la mente curiosa que eres, sé lo que estarás pensando: «¡He visto plantas que no son verdes!». Es verdad. Algunas tienen colores amarillos, naranjas, rojos, morados… Las sustancias que dan ese color a algunas plantas son de ayuda para fabricar también alimento y, además, como si fueran una especie de crema solar vegetal, amortiguan los daños que les genera una sobreexposición a la luz del sol.

¿Y POR QUÉ ALGUNAS HOJAS SON AMARILLAS, NARANJAS Y ROJAS EN OTOÑO?

> Las plantas fabrican alimento usando una sustancia en sus hojas de color verde, que conocemos como clorofila. Pero la clorofila no está sola en las hojas: la acompañan otras moléculas que también tienen colores propios y que conocemos como pigmentos.

Durante la **primavera y el verano**, las largas horas de sol dan mucho alimento a las plantas. Una comida que no solo aprovechan para mantenerse con vida y crecer: también es fundamental para fabricar mucha de la clorofila que pierden. El sol daña la clorofila y, para mantener la misma cantidad del pigmento verde esencial para seguir con vida, las plantas lo fabrican continuamente.

Cuando llega el **otoño**, hay menos horas de sol y la planta se queda sin energía para reemplazar su clorofila verde. Al desaparecer, los otros pigmentos que están en las hojas brillan en solitario.

Los **carotenos**, por ejemplo, dan color **amarillo** a las hojas y, cuando no están solos, ayudan a la clorofila a captar la energía del Sol.

Las **antocianinas** también aguantan cuando la clorofila desaparece y son las que dan color **rojo** o **morado** a las hojas. También dan el color rojo a la piel de las manzanas maduras o el morado a las uvas.

¿POR QUÉ HUELEN BIEN (Y MAL) LAS FLORES?

Aunque pueden existir muchísimas flores del mismo color, **¿sabías que no existen dos aromas florales exactamente iguales?** Eso es porque lo que percibimos como olores está compuesto por muchísimas moléculas químicas en cantidades distintas en cada flor. Es como su huella dactilar, **complejísima y única**.

¿Por qué olores tan rebuscados? Pues porque, en el mundo de las flores, **los olores son la señal que llama a los insectos**, que ayudarán a las plantas a reproducirse a cambio de un poco de alimento. Los insectos van comiendo néctar yendo de una a otra flor y, sin saberlo, también transportan el polen con el que las plantas se reproducen.

¿Conoces la expresión **«para gustos, colores»**? En el mundo de las flores, también podríamos decir: **«Para gustos, olores»**. Las abejas prefieren aromas dulces, mientras que a los escarabajos les gustan olores rancios, especiados o afrutados. Las plantas que huelen más intensamente durante el día son polinizadas por abejas o mariposas, que son diurnas, mientras que aquellas que liberan su fragancia principalmente de noche son polinizadas por polillas o, incluso, por murciélagos nocturnos.

Por cierto, hay una que repugna al olfato humano: **la flor cadavérica**. Por el nombre, te lo imaginas: huele a carne podrida. Es el olor favorito de los escarabajos peloteros y de las moscas, que la ayudan a reproducirse.

¿POR QUÉ HAY PLANTAS CARNÍVORAS?

Dando un paseo por el campo, podemos ver gusanos o insectos comiendo plantas, pero ¿has visto alguna vez una planta comiéndose a un insecto? En la naturaleza, existen más de **setecientas plantas carnívoras** que comen animales, como insectos, arañas, crustáceos, lagartijas, ratones y otros bichos. No te asustes: bichos pequeños, todavía no se han comido a ninguna persona (que sepamos).

Estas plantas capturan y matan para **obtener alimento**. Lo hacen utilizando hojas especiales que actúan como auténticas trampas de cazador. Algunas atraen a sus presas con colores brillantes, formas y olores que parecen alimento, y luego las retienen con pelitos pegajosos o rampas resbaladizas y pozos. Una vez dentro, no hay escapatoria. La presa será digerida por la planta, que absorberá los nutrientes de su cuerpo.

Suena terrible, ¿verdad? Pues toda esta carnicería es, en buena medida, innecesaria. La mayoría de las plantas carnívoras pueden crecer sin matar animales, solo alimentándose a partir del suelo y el sol, como el resto de las plantas no carnívoras. ¿Por qué comer entonces carne? Porque ganan en calidad de vida vegetal: logran **crecer mucho más rápido y reproducirse mejor**.

¿POR QUÉ ME PICAN LOS MOSQUITOS MÁS QUE A OTRAS PERSONAS?

Llega el verano, vamos al campo y… ¡zas! Llegas a casa con un montón de picaduras. ¡Y cómo molestan! ¿Y sabías que los mosquitos, al picar, pueden transmitir enfermedades tan graves como la malaria, que mata a más de medio millón de personas al año en países en desarrollo?

Los científicos han descubierto que solo son los **mosquitos hembra** los que pican, y lo hacen cuando van a poner huevos, para alimentarse de sangre. Pero, mientras que algunas personas reciben un montón de picotazos, otras pasan totalmente desapercibidas para los mosquitos… ¿Por qué?

Los mosquitos utilizan su **olfato** para encontrar a las personas: detectan muchísimos olores diferentes. Al estudiar la piel de las personas muy atractivas para estos insectos, los investigadores descubrieron que liberan al aire unas moléculas llamadas **«ácidos carboxílicos»** que, al parecer, vuelven locos a los mosquitos. Cuando impidieron que estos detectaran estas moléculas con su olfato, ya no se acercaban más a esas personas. Resolver por completo el rompecabezas de cómo funciona el mecanismo podría ayudar a desarrollar formas de evitar que los mosquitos piquen, nos fastidien y propaguen enfermedades mortales.

¿POR QUÉ NO VUELAN LOS PINGÜINOS SI TIENEN ALAS?

Los pingüinos perdieron la capacidad de volar porque, con el tiempo, sus alas evolucionaron para convertirlos en **mejores nadadores**. A pesar de que volar les habría ayudado en algunas situaciones, como escapar de depredadores o hacer las caminatas más fáciles, resultaba demasiado **costoso**: gastaban demasiada energía, y no lo necesitaban tanto para sobrevivir.

Por lo que, en lugar de volar, los pingüinos evolucionaron para ser muy buenos nadadores, una **gran ventaja** para buscar comida en las profundidades del agua. Y si se usan como aletas, las alas ya no valen para volar.

Además, al volverse nadadores, el tamaño de sus cuerpos cambió. Los pingüinos más grandes, por ejemplo, pueden sumergirse en el agua durante más tiempo y obtener comida de manera más eficiente. Es como si se convirtieran en **superhéroes acuáticos**, ¡y todo esto gracias a perder la capacidad de volar!

> Esta evolución que sufrieron los pingüinos en sus cuerpos es un gran ejemplo de adaptación: el desarrollo de una habilidad única que, poco a poco, generación tras generación, los hace mejores en su vida para obtener alimento, protegerse y reproducirse.

¿DE QUÉ ESTÁ HECHO MI CEREBRO?

> El cerebro humano es de las cosas más complejas y sorprendentes que conocemos en el universo. Un kilo y medio de lo que parece básicamente gelatina está compuesto en realidad de miles de millones de células, llamadas «neuronas» y «glía». Estas últimas están ahí para ayudar a las neuronas a estar bien conectadas.

Algunas **neuronas** parecen pequeños arbolitos llenos de ramas que se conectan a otras neuronas e intercambian señales eléctricas que, de una manera que todavía no comprendemos bien, dan lugar a todas tus ideas, recuerdos, emociones, experiencias… Y las **células de la glía**, están ahí para ayudarlas a estar bien conectadas.

El cerebro entero tiene un aspecto arrugado, como media nuez mondada. Esa capa arrugada es la **corteza cerebral** y, en los humanos, es especialmente complicada y grande si la comparamos con otros animales.

El cerebro, como el resto de tu cuerpo, tiene lado derecho e izquierdo —que conocemos como **hemisferios**—, y cada uno cuatro partes principales que llamamos **«lóbulos»: frontal, parietal, occipital y temporal**. Detrás de todo, en forma de pelota, el **cerebelo** coordina nuestros movimientos, postura y equilibrio.

Por último, en el centro del cerebro, el **tálamo e hipotálamo** coordinan señales nerviosas, la temperatura, el hambre o la sed, además de muchas de nuestras hormonas. Debajo de todo, el **tronco encefálico** se encarga del latido del corazón o de la respiración.

SANTIAGO RAMÓN Y CAJAL: EL PINTOR DE NEURONAS

Santiago Ramón y Cajal fue un chaval travieso que pasó buena parte de su infancia riñendo con sus profesores y su padre, pero también fue un chico inmensamente inteligente y curioso, apasionado del arte y que aprendió a dibujar muy bien. Ese chaval se convirtió, con toda esa mezcla, en el **científico más importante de la historia de España**.

Estudió **Medicina** como su padre. Primero fue a la universidad obligado, pero, al poco de sumergirse en los misterios de cómo funciona nuestro cuerpo, se enamoró y dedicó el resto de su vida a descifrarlos.

Sobre todo, se interesó mucho en el **cerebro**, el cual, a finales del siglo XIX, cuando él estudiaba, no se comprendía bien ni de qué estaba hecho ni cómo podía funcionar. (Si quieres refrescarlo, ve a la página anterior: «¿De qué está hecho mi cerebro?»). Mezclando su talento para el dibujo y la fotografía y su dedicación al microscopio y una nueva forma de colorear células, Cajal descubrió que el cerebro está compuesto de una enorme red de células independientes: las **neuronas**. Se dedicó a dibujarlas con todo detalle y nos mostró por primera vez su belleza única, ya que todas tienen aspectos muy distintos.

Por sus descubrimientos, le otorgaron el Premio Nobel en Fisiología o Medicina en 1906. Actualmente, se le considera el **padre de la neurociencia**, que es la ciencia que estudia nuestro sistema nervioso.

¿DÓNDE SE ALMACENA LA MEMORIA?

Las fotos del móvil están en un chip de memoria, fácilmente localizables. Con nuestros recuerdos, el asunto es más complicado.

No todas las memorias son iguales. Dependiendo de por cuánto tiempo vayamos a recordar algo y de qué cosas vayamos a recordar, trocitos de la memoria se distribuyen por diversos lugares en nuestro cerebro.

Si estás a punto de cruzar una calle, entre que miras a un lado y arrancas a caminar mirando al otro, debes recordar que no había coches donde no estás mirando, ¿verdad? Esa memoria se almacena de manera **temporal** y se borra muy rápido, después de haber cumplido su función.

Otros recuerdos contienen información que te convierte en ti: no solo hechos (como el nombre de tu calle) o eventos (como la fiesta de tu último cumpleaños), sino también habilidades (como andar en bici o leer). Estos recuerdos son **duraderos**, pero pueden ir cambiando: puedes mejorar cuando montas en bici o leer cada vez más rápido.

> Imagínate que te pedimos recordar una escena de tu película favorita. Lo primero que pasa es que los lóbulos frontales de tu cerebro —que se encargan de la atención y el enfoque— se activarán. Luego, de una manera que todavía la ciencia no comprende del todo, diferentes fragmentos de la memoria se extraen de las áreas de la corteza cerebral donde están almacenados. Por ejemplo, neuronas de la región visual del cerebro activarán el recuerdo de la cara de los actores; la región del lenguaje recordará el diálogo, y tal vez la región auditiva traiga de nuevo la banda sonora a tu imaginación. Una buena película podrá vivir en tu memoria durante toda tu vida.

¿POR QUÉ NECESITAMOS DORMIR?

Una de cada tres horas de todas las que vivirás la dedicarás a dormir. Eso es mucho sueño. Pero no te dejes engañar: aunque parezca que no haces nada, cuando duermes, **tu cuerpo está muy activo**.

Dormir es tan **esencial para la vida** como comer o beber. Cuando duermes, tu cerebro aprende y crea nuevos recuerdos. El sueño es importante para que tus neuronas se comuniquen bien entre sí. Pero no solo es importante para tu cerebro. Dormir mal o poco daña al cuerpo y hace que las enfermedades cardiovasculares, la diabetes, la depresión o la obesidad puedan aparecer más fácilmente. En niños y adolescentes, el sueño es todavía más importante, porque ayuda al crecimiento del cuerpo.

Y no, **no existe un número de horas de sueño mágico** que funcione para todas las personas por igual. Los bebés duermen entre dieciséis y dieciocho horas al día, lo que puede estimular el crecimiento y el desarrollo (especialmente del cerebro). Los niños en edad escolar y los adolescentes necesitan alrededor de diez horas de sueño por noche. Y no, los adolescentes en vuestras vidas no se han vuelto locos de repente: durante la adolescencia, el sueño se retrasa, por lo que el cuerpo, de manera natural, te pide irte a dormir y levantarte más tarde. Los adultos se apañan con entre siete y nueve horas al día y, después de los sesenta años, con menos todavía.

¿POR QUÉ NOS REÍMOS?

Porque algo nos ha hecho gracia: en esto estamos de acuerdo. Pero ¿para qué sirve la risa? Todas las personas ríen desde que eran bebés con tres meses de vida; algunos animales también tienen algo parecido a nuestra risa. Cuando algo está tan presente en el mundo animal, es porque la evolución le ha encontrado alguna utilidad. ¿Cuál será?

La primera es **social**: con la risa, indicamos que deseamos **conectar** con otra persona, sobre todo, si estamos en grupo. La risa de verdad es difícil de fingir y, cuando nos reímos genuinamente, mostramos a los demás que nos sentimos cómodos y que pertenecemos al grupo. Un niño pequeño, por ejemplo, se ríe mucho más de los dibujos animados cuando lo ve con otros niños.

La risa no solo funciona socialmente, también tiene **beneficios para tu cuerpo**. Cuando reímos, metemos mucho oxígeno en el cuerpo, lo que estimula el corazón, los pulmones y los músculos. Reír libera endorfinas —unas sustancias químicas que nuestro cuerpo produce— que nos hacen sentir bien, felices e, incluso, si te duele algo, rebajan ese dolor.

La risa nos ayuda a hacer amigos y a tener un cuerpo más saludable. ¡Creo que es hora de ir donde tus padres y contarles un chiste!

¿CÓMO HACEN LOS MAGOS SUS TRUCOS DE MAGIA?

Con mucha práctica, los magos consiguen hacer cosas «imposibles» que sabemos que son «imposibles», y, sin embargo, las vemos con nuestros propios ojos. ¿Cómo? La respuesta es tan fascinante como un buen truco de magia.

Nuestro cerebro y los órganos de los sentidos —como la vista o el oído— han evolucionado durante miles de millones de años con un único objetivo: **mantenernos con vida**. No tenemos una vista capaz de ver cosas microscópicas o de ver por la noche, porque, a lo largo de la historia del *Homo sapiens*, nadie se ha jugado la vida por no poder ver ese tipo de cosas que hoy sí vemos con aparatos científicos.

Los magos se aprovechan de los pequeños fallos y las **limitaciones de nuestros sentidos**. Nuestra atención suele ser muy corta y solo se centra en una cosa al tiempo, de manera que, si un mago hace un gesto muy vistoso con una mano mientras que con la otra realiza el truco, lo más probable es que no nos demos ni cuenta. Asimismo, si hace un movimiento muy amplio con un brazo al tiempo que con su mano cambia una carta, el movimiento del brazo nos ocultará el de la mano.

Esto lo saben hacer con el sonido, con los colores e, incluso, manipulando nuestros recuerdos. En este sentido, algunos magos están ayudando a científicos que estudian el cerebro a entender mejor **cómo funciona y dónde falla**.

¿CÓMO FUNCIONA LA ANESTESIA?

Cómo funciona el dolor, más o menos, todos lo sabemos: te haces daño, tu cuerpo manda una señal de alerta a tu cerebro y este lo traduce en el dolor que sientes. Si tocas algo muy caliente, rápidamente te apartas y dejas de hacerte daño. Por eso sentir dolor puede ser «bueno», porque evita que te quemes o te hagas más daño.

Pero hay ocasiones en las que preferimos no sentir dolor, como, por ejemplo, cuando necesitamos deshacernos de una caries en un diente, y la única manera es que tu dentista haga primero un agujero en tu muela y después lo rellene.

No te preocupes: la ciencia llega al rescate. Desde hace casi un par de siglos, existe la **anestesia**, que es una manera de apagar el dolor en el cerebro. Lo consigue mediante sustancias químicas que bloquean parte de las comunicaciones en tu cerebro para que, mientras taladran tus dientes, tú puedas dedicarte a pensar en ese libro tan interesante que estabas leyendo.

Existen diferentes tipos de anestésicos:

● Los **locales** bloquean el dolor de una zona concreta del cuerpo, como los del dentista.
● Los **regionales**, como la epidural, que a veces se dan a las embarazadas en el parto, bloquean el dolor en una zona del cuerpo.
● Las **anestesias generales** bloquean el dolor en el cuerpo entero.

¿QUÉ ES LA ENFERMEDAD DE ALZHEIMER?

> Cuando nos hacemos mayores, no solo se arruga nuestra piel o se blanquea el cabello: todos los órganos envejecen, incluido el cerebro. Un cerebro envejecido puede aprender nuevas cosas y razonar perfectamente, pero puede que lo haga más lentamente o recuerde con dificultad.

La enfermedad de Alzheimer es un tipo de demencia común en personas mayores. Se reconoce porque la **memoria a corto plazo** —la de recordar dónde pusiste las llaves de casa— falla gravemente. Algunos pacientes pueden repetir una misma pregunta, olvidando que ya habían obtenido una respuesta. El daño que la enfermedad de Alzheimer genera en el cerebro puede hacer que la personalidad cambie también.

Por desgracia, todavía no entendemos bien qué causa esta enfermedad. Hay dos sustancias del cerebro que dejan de funcionar bien: la **beta-amiloide**, que se acumula entre los espacios de las neuronas, como si el cerebro no hubiera recogido la habitación; y la **tau**, que también se acumula en forma de ovillos dentro de las células cerebrales. Al mismo tiempo, muchas células del cerebro mueren. ¿Son estos cambios la causa real de la enfermedad? Hoy, continúa siendo un misterio.

¿QUÉ ES EL AUTISMO?

Los médicos prefieren llamar al autismo de otra manera: **«trastornos del espectro autista» o TEA**; y en plural, porque son varias condiciones que tienen rasgos en común. Ocurren cuando, mientras el cerebro se está desarrollando en el vientre materno y después de los primeros años de vida, algo funciona diferente de lo que esperaríamos.

Los científicos todavía no comprenden las causas de todos los TEA. Algunas personas con TEA tienen una mutación genética concreta, pero en la mayoría se dan varias condiciones que, al juntarse, provocan los cambios en el desarrollo habitual del cerebro. Las personas con TEA tienen un **comportamiento diferente**: se comunican, interactúan con otras personas y aprenden de forma distinta a las personas sin TEA.

Esto las hace diferentes de maneras muy diversas. Algunas personas con TEA son extraordinariamente hábiles con el lenguaje, mientras que otras apenas logran expresarse hablando. Algunas no pueden valerse por sí mismas, pero otras trabajan y viven con independencia.

¿QUÉ ES UNA ADICCIÓN?

Una adicción nos hace **desear** con muchísima fuerza algo que nos da **placer** —como beber cuando tenemos sed o dormir cuando estamos cansados—, hacemos lo necesario para conseguirlo, aunque nos cause daño o tenga consecuencias malas más adelante.

Para una persona que tiene una adicción, ese objeto o esa actividad se vuelve cada vez más importante en su vida, e incluso deja de hacer otras cosas más importantes, como comer o dormir. Por eso tiene **efectos destructivos**. La adicción abarca tanto el uso de sustancias —cigarrillos, alcohol, drogas…— como el trastorno por juego o el abuso del móvil, por ejemplo.

> **Mucha gente piensa que la adicción es cuestión de debilidad personal: un adicto es alguien que busca placer y no tiene voluntad para detenerse. Pero hoy la ciencia ha demostrado que el cerebro de un adicto es distinto del de otra persona. Algunas sustancias o algunas actividades pueden hacer que nuestro cerebro cambie y desarrolle una adicción.**

A pesar de que no es nada sencillo, la adicción **puede superarse** y, con el tiempo, la influencia de la adicción disminuye a medida que la persona se encuentra más plena emocionalmente y con ganas de vivir feliz.

¿POR QUÉ FLOTAN LOS BARCOS?

Antes de lanzarnos al agua, pensamos: «¿Flotaré?», «¿Me hundiré?». La respuesta depende de dos factores: que sepamos nadar y del **principio de Arquímedes**.

Arquímedes, un científico y pensador griego que vivió hace más de dos mil años, dio con la explicación por la que los barcos —o tú mismo— **flotan**. Cuando te metes en el agua, tu cuerpo ocupa un espacio que antes lo hacía el agua: digamos que le quitas ese espacio. En la bañera, podemos verlo claramente porque, al introducirnos nosotros, el **nivel del agua sube**. Pues bien, el agua que ahora está más alta quiere bajar, ocupar el lugar en el que estaba antes (debido a la fuerza de la gravedad). Eso es lo que notas como un empuje del agua sobre tu cuerpo.

Imaginemos tres situaciones:

● Si ponemos una pesa maciza de gimnasio en la bañera, como el hierro es mucho más denso que el agua, se hundirá.
● Ahora bien, si ponemos algo con una densidad parecida al agua, como una persona, el cuerpo se quedará quieto, tanto en la superficie como en la parte sumergida.
● En cambio, si ponemos algo mucho menos denso, como un globo, un barco que está lleno de huecos en su interior o nuestro cuerpo con los pulmones repletos de aire, el empuje del agua hará que flote en la superficie.

¿CÓMO VUELAN LOS AVIONES?

La inspiración de construir aparatos voladores nos vino gracias al **estudio de los pájaros**. A mediados del **siglo ix** en al-Ándalus, el reino musulmán que ocupó el territorio de lo que hoy es la mitad sur de España, **Abbás Ibn Firnás** probó en Córdoba un gran experimento. Se lanzó con una capa enorme desde una torre a un valle, y, aunque el aterrizaje fue malo —se rompió las dos piernas—, el vuelo fue un éxito global: permaneció en el aire una decena de segundos.

No obstante, tuvimos que esperar hasta el **siglo xx** para conseguir el vuelo autopropulsado con un motor. Los primeros en conseguirlo fueron los **hermanos Wright**, en Estados Unidos. Fue el 17 de diciembre de 1903, a bordo del FlyerI.

Ahora bien, tenemos algo que confesarte: lo cierto es que **no entendemos del todo** cómo es posible que un avión levante el vuelo. Llevamos muchos años de discusiones científicas para comprender cómo es posible.

> En este tiempo, si hemos llegado a algunas conclusiones: por ejemplo, sabemos que las alas no pueden estar horizontales, para que el aire choque contra el ala y salga rebotado hacia abajo. Pero también necesitamos que las alas sientan una fuerza de succión, como si una aspiradora las subiera hacia el cielo. Solo entendemos algunos pedacitos de la física que hacen posible su vuelo.

Si decides estudiar física, tal vez seas la persona que finalmente resuelva **cómo vuelan los aviones**.

¿CÓMO FUNCIONA UN TELESCOPIO?

El telescopio es uno de esos inventos cuyo nombre lo dice todo: «tele-» («lejos») y «-scopio» («ver» en griego), es decir, es un instrumento que permite **observar objetos a gran distancia**.

La mayoría de los telescopios usan espejos curvos para captar y enfocar la luz del cielo nocturno, aunque los primeros telescopios usaban piezas de vidrio transparente y curvado, llamadas **«lentes»**, como las de las gafas. Hoy, preferimos usar espejos, porque son más delgados, ligeros y fáciles de fabricar con la forma exacta que los científicos necesitan.

Cuanto más grandes sean sus espejos o lentes —lo que llamamos **«ópticas»**—, más luz podrán captar. Su forma curvada concentra la luz, haciendo que veamos objetos que, de otra manera, escaparían a nuestra vista.

Uno de los telescopios más potentes del mundo está en España y se llama **Gran Telescopio Canarias**. Es muy grande: tiene un espejo de más de diez metros. Además, está en un lugar muy importante: en lo alto del **Observatorio del Roque de los Muchachos**, en la isla de La Palma. Este lugar es famoso porque sus cielos son transparentes y están protegidos de la contaminación lumínica por ley. Así, allí se puede hacer ciencia de primera y observar los confines del universo.

¿... Y UN MICROSCOPIO?

> Un microscopio es un instrumento que utilizamos para poder ver objetos superpequeños, que nunca jamás podríamos haber visto a simple vista. Gracias a este instrumento, los científicos han podido ver la forma de las células o las piezas que las componen.

Un microscopio moderno tiene muchísimas partes, pero las más importantes son sus **lentes**. Las lentes separan los rayos de luz de modo que hacen la imagen más grande y permiten que observemos sus detalles. Los microscopios más simples —que llamamos **«ópticos»**— usan una lente curvada, que parece una pelota de vidrio que hubiéramos aplastado. Los microscopios modernos utilizan más de una lente para ampliar la imagen.

La ciencia más moderna ha inventado otros tipos de microscopios que **no usan lentes**, como el microscopio electrónico y el microscopio de fuerza atómica.

Un **microscopio electrónico** no usa luz, sino electrones para «iluminar» lo que quiere ver. Gracias a ese cambio, permiten ampliar muchísimo más la imagen que cualquier microscopio óptico.

Otro microscopio moderno es el de **fuerza atómica**, que no ilumina lo que quiere ver, sino que va resiguiéndolo con un «dedo» superpequeño que es capaz de tocar el perfil de moléculas individuales.

¿CÓMO FUNCIONA UN IMÁN?

Los imanes son un ejemplo cotidiano para experimentar en el día a día el **magnetismo**, que es una de las cuatro fuerzas fundamentales de nuestro universo.

Los átomos que forman toda la materia de nuestros cuerpos están hechos de tres tipos de partículas: **protones, neutrones** y **electrones**. Estos últimos, los electrones, son magnéticos. Pero hay truco: los electrones solo generan un campo magnético neto —el efecto atrayente de un imán— cuando se alinean. Normalmente no están en línea: de otro modo, nos quedaríamos pegados a la nevera.

En cambio, cuando en un material se alinean —es lo que conseguimos, por ejemplo, con el experimento de frotar un jersey de lana con un bolígrafo de plástico—, se da el magnetismo típico que puede atraer a un metal, que hace que un globo se pegue a nuestro cabello o que trocitos de papel se adhieran al jersey.

Los imanes tienen siempre un **polo norte** y uno **sur** y, entre uno y otro, podemos dibujar, como si fueran capas de una cebolla, líneas que los conectan. Esas líneas nos ayudan a ver el campo magnético del imán y es donde, si lanzamos limaduras de hierro, por ejemplo, estas quedarán pegadas.

El magnetismo es fundamental para la **electrónica**, la **industria** y la **biología**. Es una fuerza fundamental del universo que casi comprendemos, aunque, si quieres investigarla, todavía guarda secretos científicos por descubrir.

¿DE QUÉ ESTÁN HECHOS LOS FUEGOS ARTIFICIALES?

Los fuegos artificiales que vemos en algunas fiestas son un impresionante resultado de la química y la física. Las dos ciencias juntas dan lugar a un arte llamado **«pirotecnia»**. ¿Cómo se crean esas formas y colores?

La base es la pólvora negra, un descubrimiento hecho en **China** hace más de mil años y que no ha cambiado mucho desde entonces: siete partes de una sal blanquecina llamada «nitrato potásico», una de carbón y otra de un mineral amarillo, el azufre, aproximadamente. El polvo resultante se coloca en un contenedor de cartón o de papel. Si se aplica calor o se quema, explotará. Si se deja un hueco abierto, saldrá despedido con velocidad, como un cohete.

Como cuando se hace una fogata, si los granos de pólvora son gruesos, como troncos, el fuego arderá más lento, pero durante más rato; si son pequeños, como ramitas, el fuego será intenso, pero durará poco. Pero... **¿y los colores?** Fácil: le añadimos más ingredientes a la receta:

- Cobre: para lograr el color azul.
- Estroncio: para el rojo.
- Bario: para el verde.
- Sodio: para el amarillo.
- Titanio, circonio o magnesio: para el blanco.
- Los demás colores se pueden obtener a partir de la mezcla de estos.

Por último, los pirotécnicos calculan las cantidades de pólvora, colorantes y mechas para que los cohetes se eleven a la altitud correcta, tengan el color deseado y exploten en el momento exacto.

¿QUÉ ES LA INTELIGENCIA ARTIFICIAL?

No es nada nuevo, aunque ahora esté muy de moda. La idea de desarrollar inteligencia artificial empezó a **mediados del siglo pasado**. La inteligencia artificial es un campo de la informática que estudia **cómo programar sistemas** que hacen cosas para las que normalmente haría falta la inteligencia de una persona. Son sistemas que pueden aprender, percibir lo que les rodea o razonar (un poco).

¿Cómo logran hacerlo? Pues con muchas **matemáticas**. En realidad, todo lo que ahora vemos como productos o aplicaciones sorprendentemente humanas son el resultado de enormes cálculos hechos sobre gigantescas cantidades de datos.

Lo increíble es que son capaces de aprender sin que nadie les enseñe. Lo que hacen es entender qué relaciones hay entre una y otra información que reciben. Por ejemplo, a base de que les demos muchos textos para leer, pueden aprender que, al lado de la palabra «limón», suelen estar las palabras «amarillo», «ácido» o «zumo», mucho más a menudo que «morado», «apestoso» o «macarrones». Si le preguntas qué le inspira la palabra «limón», te dirá «amarillo» y no «morado». ¿Es eso inteligente?

Sí... y no. El aprendizaje automático y la inteligencia artificial puede facilitarnos muchas tareas, pero, hasta ahora, no tenemos ninguna prueba de que ninguna inteligencia artificial sea inteligente, como tú o como nosotros.

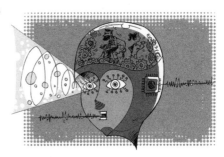

¿DE QUÉ ESTÁN HECHOS LOS PLÁSTICOS?

El plástico es un material especial que utilizamos para hacer muchas cosas, calentándolo y dándole forma. Es como si fuese plastilina. Está hecho de largas cadenas llamadas **«polímeros»**, que son como collares de cuentas. Cuando las piezas pequeñas (llamadas **«monómeros»**) se unen, se produce la **polimerización**, y así es como se forma el plástico, que lo podemos moldear en diferentes formas: bolsas, cepillos de dientes, ropa o teléfonos, por ejemplo. Es difícil pasar un día sin encontrarnos con él.

El plástico más habitual hoy día es el **polietileno**, que es un collar hecho de cuentas de **etileno**. Pero hay más: el polivinilo, el poliestireno…

El plástico es superútil pero difícil de deshacer, porque tarda miles de años en descomponerse. Cuando se descompone, se convierte en partículas diminutas que causan grandes problemas en la naturaleza. Por eso, la **contaminación plástica** afecta a nuestros paisajes e, incluso, a nuestros cuerpos. Nuestro consumo de plástico está dejando un impacto duradero en la Tierra. Para evitarlo, intentamos sustituirlo por cristal, acero inoxidable, silicona y fibras vegetales parecidas al papel. Y otros muchos materiales que los científicos están inventando.

¿QUÉ HAY EN EL AIRE QUE RESPIRO?

El aire que respiramos es una **mezcla de muchos gases**, aunque los protagonistas son dos: con casi ocho partes de cada diez, el nitrógeno; y con algo más de dos, el oxígeno.

El **nitrógeno** es un gas muy poco sociable, que no reacciona con casi nada. Pero no pienses que está solo para hacer de relleno. La atmósfera de gases que rodea nuestro planeta ayuda a mantener el calorcito que permite que los océanos sean líquidos y no témpanos de hielo, o hace rebotar —o, al menos, frena mucho— las rocas espaciales que llegan a la Tierra, como si fuera el escudo del capitán América.

El **oxígeno** es uno de los gases que hasta los no científicos conocen, porque es el que necesitamos respirar para mantenernos con vida. Nuestras células lo usan para quemar azúcares y generar energía.

Los actores de reparto en nuestra atmósfera, con mucho menos peso, son gases como el **neón, hidrógeno, vapor de agua, ozono** o **dióxido de carbono**.

Además de gases, también respiramos partículas diminutas que llamamos **«aerosoles»**. Algunos, como el polvo o el polen, tienen un origen natural. Otros, como el hollín y partículas de los tubos de escape de los coches y de las fábricas, los generamos los humanos.

> Cuando hay demasiadas partículas en el aire —lo que llamamos «contaminación»—, puede resultar difícil para las plantas y los animales respirar y mantener la salud.

¿POR QUÉ HACE LLORAR LA CEBOLLA?

La cebolla nos encanta. Picada, salteada o frita, la cebolla siempre encuentra su lugar en nuestro plato. Un final delicioso para un viaje que empieza con **lágrimas y una nariz que moquea**. Por muy fan que seas de la cocina, las lágrimas que derramas al cortar cebollas no son de emoción. Son lágrimas reflejas causadas por la **exposición a irritantes**.

¿Irritantes como tu primo? No exactamente: **irritantes químicos**. Las cebollas son bulbos, partes de la planta que maduran bajo tierra. Profundidades por las que pululan criaturas como topillos, que adoran mordisquearlos. Para evitarlo, las plantas están equipadas con un mecanismo de defensa de dos ingredientes: **trans-(+)-S-(1-propenil)-L-cisteina sulfóxido y anilasa**. Cuando un diente o el filo de un cuchillo rompe la piel de la cebolla, estos compuestos se combinan y forman una sustancia que se llama **«propanetial S-óxido»**. Eso de nombre tan raro es un gas que llega hasta tus ojos y, allí, al contacto con el agua que los recubre, se convierte en ácido sulfúrico. Y qué te vamos a contar del ácido sulfúrico… que pica, y mucho.

Pero no nos quedamos ciegos por mucha cebolla que cortemos. Eso es porque nuestros ojos también tienen un mecanismo de defensa: las **lágrimas**, es decir, un torrente de agua salada que limpia y elimina aquello que nos está atacando. Buen provecho.

¿POR QUÉ NOS VEMOS REFLEJADOS EN UN ESPEJO?

Si te miras al espejo, rayos de luz procedentes de todos los puntos de tu cara viajan hasta él, donde se reflejan, es decir, rebotan como una pelota lanzada a la pared. Lo hacen de una manera muy ordenada, gracias a la superficie lisa del espejo, que consigue lo que los científicos llaman una **«reflexión especular»**. Lo que ves tiene dos características muy interesantes:

● La imagen de tu rostro parece estar **detrás** del espejo. De hecho, cuanto más te alejes del espejo, más atrás estará la imagen.
● La imagen parece estar al **revés**. Por ejemplo, si te tocas la oreja derecha en el espejo, verás tu propia imagen tocando la oreja izquierda.

Cuando reflejamos algo en un espejo la derecha cambia por la izquierda y viceversa; es por eso por lo que las ambulancias tienen letreros con las letras invertidas: es para que los conductores que circulan delante de estos vehículos puedan ver la escritura en el sentido correcto cuando miren por el retrovisor.

¿Y SI NO EXISTIERA LA LUNA?

La Luna es una roca —que científicamente conocemos como **«satélite»**— que da vueltas a la Tierra a unos 384.402 kilómetros de distancia. Muy lejos, ¿no? ¿Pasaría algo si un día desapareciera? **Sí, muchas cosas**.

Tenemos Luna desde que, hace unos cuatro mil quinientos millones de años, una roca del tamaño de Marte, llamada Theia, se estrellara contra la Tierra. Un fragmento resultante de aquel choque es lo que hoy llamamos Luna.

Su presencia como compañera de la Tierra ha hecho que los cambios en nuestro planeta sean suaves, lo que ha favorecido el desarrollo de la vida actual. Si la perdiéramos, tendríamos, por ejemplo, **océanos diferentes**: las mareas serían mucho menos intensas porque el Sol no es capaz de atraer el agua con la misma fuerza que la Luna. Sin ella, además, el **nivel del mar** bajaría en el ecuador y subiría en los polos, porque la Luna, al dar vueltas alrededor del ecuador, hace que allí se concentre más líquido de nuestros mares.

Sin Luna, además, tendríamos **cambios climáticos** muy violentos, porque el planeta oscilaría como una peonza a punto de caer. Al inclinarse rápidamente, la cantidad de sol de cada lugar cambiaría mucho y el clima se volvería loco.

Por último, sin nuestro satélite, no solo las noches serían más aburridas, sino que los días —y las noches— **durarían mucho menos tiempo**. La Tierra, al no estar frenada por la atracción de la Luna, giraría sobre sí misma más rápidamente.

¿HAY VIDA EN OTROS PLANETAS?

Sí, casi seguro. Verás, los científicos todavía no hemos encontrado pruebas directas de que haya formas de vida en otros planetas. Pero tenemos una explicación: el universo es increíblemente grande y está muy vacío. Aunque hay miles de millones de planetas ahí fuera, lo cierto es que están demasiado lejos para que los podamos observar con detalle.

Hace muy poco, empezamos a estudiar los llamados **«exoplanetas»**, que es como conocemos a los que están fuera de nuestro sistema solar. Y esto ha sido gracias a nuevos telescopios y técnicas desarrolladas en las últimas décadas.

¿Cómo podemos estar tan seguros de que sí hay vida si no la hemos visto todavía? La respuesta se la debemos en parte a las **matemáticas** y en parte a la **biología**.

La biología nos dice que, por lo que sabemos sobre cómo funciona la vida en la Tierra, las **reacciones químicas** que la hacen posible son sencillas, y es razonable pensar que pueden suceder en otros mundos lejanos.

Las matemáticas nos permiten calcular la enorme **cantidad de planetas** que hay ahí fuera y, aunque la mayoría no tenga condiciones para que vida como la nuestra se desarrolle —porque hace demasiado calor o frío o porque están muy cerca o muy lejos de su estrella—, el número total de estrellas y planetas es tan grande que estamos casi seguros de que existe alguno con todos los ingredientes.

¿QUÉ HAY EN EL CENTRO DE LA TIERRA?

Si cortáramos la Tierra como una tarta, veríamos que está compuesta por **cuatro capas**. Muchos geólogos creen que se debe a que, a medida que la Tierra se enfriaba, los materiales más pesados y densos se hundieron y los más ligeros se elevaron hacia la superficie. Por eso las rocas más ligeras, como el granito, están en la superficie, y el centro del planeta es rico en metales muy pesados, como el hierro.

La **corteza terrestre** es la capa en la que vivimos. Es muy delgada en comparación con las otras tres capas, como la piel de una manzana. Está dividida en muchas piezas, llamadas **«placas»**, como si fuera un puzle.

Debajo, está la capa más gruesa: el **manto**. Es mucho más caliente y fluido, como un océano de rocas derretidas sobre el que las placas de la corteza «flotan». Se mueven muy despacio, pero, cuando chocan, ¡se produce un terremoto!

En el centro, tenemos el **núcleo**, rico en metal. Se divide en dos partes: el **núcleo externo**, donde los metales son líquidos, y el **interno**, donde son sólidos. Es un lugar extremo, donde la presión es casi tres millones de veces mayor que la tenemos aquí en la superficie. Si pudieras ir al centro de la Tierra, serías comprimido en una bola más pequeña que una canica.

¿QUÉ ES EL RECICLAJE?

En la naturaleza, nada se desaprovecha: la basura de una especie es el alimento de otra. En nuestra sociedad, el reciclaje es una manera de **convertir la basura en nuevos productos útiles**.

¿Qué se puede reciclar? Todo tipo de «basura»: plásticos, vidrios, metales, papeles y componentes electrónicos o textiles. Todo esto incluye, por ejemplo, latas de refresco, envases de comida, ordenadores y ropa. El reciclaje es diferente para cada tipo de material:

- **Latas:** se trituran y se funden. A partir de ahí, el aluminio se puede utilizar para hacer nuevas latas u otros objetos.
- **Plásticos:** se clasifican según sus polímeros (para saber más, lee: «¿De qué están hechos los plásticos?», en la página 104). Después, se limpian, se trituran en pequeñas piezas y se funden para crear nuevo plástico.
- **Papel:** se descompone con agua y productos químicos. Luego, se tritura, se calienta y se blanquea para hacer pasta que se convertirá en nuevo papel.
- **Electrónica:** se eliminan productos químicos dañinos y, a continuación, se recuperan materiales valiosos, como el oro.

El reciclaje es una de las soluciones para combatir los residuos, pero no hace milagros. Si queremos vivir en un planeta sostenible, necesitamos dar un paso más y cumplir con la regla de las **3R**. ¿Te acordarás?

- **Reducir:** usa menos cosas.
- **Reutilizar:** usa las cosas todo el tiempo que puedas.
- **Reciclar:** siempre recicla.

¿QUÉ SIGNIFICA CAMBIO CLIMÁTICO?

Los mayores suelen confundirse cuando hablan del tema. Lo primero que hay que saber es que no es lo mismo la meteorología —si hoy llueve o hace sol— que el clima. El tiempo que hace hoy dura unas pocas horas o días, pero el clima se prolonga durante **varias décadas**.

Los científicos han observado que, en general, **la Tierra se está calentando** y que los años con más calor de la historia han ocurrido en los últimos veinte años. Lo saben porque llevan mucho tiempo estudiando el planeta con diferentes instrumentos en la tierra, en los océanos y en el espacio.

¿Por qué se calienta? Principalmente porque estamos llenando el aire de dióxido de carbono y de otros gases que son de **efecto invernadero**. Como sabes, un invernadero es un cobertizo que deja entrar la luz del sol, pero que no deja salir el calor y permite que, en invierno, la sensación sea de pleno verano. Pues algo parecido está pasando con todo nuestro planeta: los gases de efecto invernadero están haciendo que suba la temperatura.

> No es la primera vez que el clima de la Tierra cambia, pero nunca antes había cambiado tan rápido. Esto nos preocupa, porque impedirá que muchos seres vivos se adapten al nuevo clima: muchos morirán y otros tendrán que adaptarse como puedan. Eso afectará también a las plantas y a los animales de los que nos alimentamos.

CIENTÍFICAS SIN LAS CUALES EL MUNDO NO SERÍA COMO HOY LO CONOCEMOS

RITA LEVI-MONTALCINI

Italia, 1909-2012

> «Después de siglos de letargo, las mujeres jóvenes por fin pueden mirar hacia un futuro moldeado por sus propias manos».

Una superheroína de la ciencia que desafió los prejuicios de género y, como judía, las restricciones fascistas en la Italia de la Segunda Guerra Mundial que le prohibían dedicarse a la ciencia y la medicina. Su descubrimiento del **factor de crecimiento nervioso** la llevó a ganar el Premio Nobel en Fisiología o Medicina en 1986. Luchó por los derechos de las mujeres científicas y se convirtió en **senadora vitalicia de Italia**. Murió a los ciento tres años siendo la primera Nobel en alcanzar esa edad, manteniendo su pasión por la ciencia durante más de un siglo.

BARBARA McCLINTOCK

Estados Unidos, 1902-1992

«Si sabes que estás en el camino correcto, si tienes este conocimiento interno, entonces nadie podrá desanimarte... no importa lo que digan».

Científica pionera, investigó el **ADN del maíz**, donde descubrió genes que saltaban de uno a otro lado en su ADN. Aunque inicialmente sus hallazgos fueron ignorados, finalmente se reconoció la importancia de los **«genes saltarines»** en todos los seres vivos. Su persistencia la llevó a ganar el Premio Nobel en Fisiología o Medicina tras más de treinta años de investigación. McClintock representa la libertad de pensar y explorar en la ciencia, y la importancia de confiar en tus ideas e imaginación.

LYNN MARGULIS

Estados Unidos, 1938-2011

> «La vida no triunfó en el planeta mediante el combate, sino mediante la cooperación».

Científica visionaria, revolucionó la biología al proponer que células como las nuestras provenían de antiguos microorganismos que decidieron cooperar (lo que conocemos como **simbiosis**), unir fuerzas y dar lugar a seres vivos más grandes y evolucionados. Esta teoría desafió las ideas convencionales y resaltó la importancia de **la colaboración en la evolución** de la vida en la Tierra. Su trabajo ejemplifica cómo las nuevas ideas y la cooperación pueden impulsar avances científicos y cambiar nuestra comprensión del mundo.

GERTRUDE BELLE ELION

Estados Unidos, 1918-1999

> «No temas al trabajo duro, nada que merezca la pena llega fácilmente».

Esta perseverante estudiante de química superó obstáculos de género y se convirtió en una científica destacada. Trabajó incansablemente en la investigación de medicamentos para el tratamiento del **cáncer**, la **malaria**, el **sida** y los **trasplantes**. En 1988, recibió el Premio Nobel en Fisiología o Medicina por sus contribuciones a la lucha contra enfermedades mortales. Su legado sigue influyendo en la creación de nuevos medicamentos.

VERA RUBIN

Estados Unidos, 1928-2016

> «Todos nosotros podemos cambiar el mundo, porque estamos hechos de materia estelar y estamos conectados con el universo».

Apasionada astrónoma desde la infancia, superó la falta de apoyo en la escuela gracias a su familia y consiguió perseguir su pasión por la física y la astronomía. Descubrió que **las galaxias giran en espiral**, que existe **materia oscura** y que esta le da forma al universo. Se casó con un matemático y crio a cuatro hijos, inspirando a todos ellos en sus carreras científicas. Además, inspiró también a incontables niñas a explorar el universo.

MARIE-ANNE PIERRETTE PAULZE

Francia, 1758-1836

> «Nada se pierde, todo se transforma». Antoine Lavoisier

De familia aristocrática, adquirió una educación excepcional en un convento y dominó varios idiomas y técnicas de dibujo. A los catorce años, se casó con Antoine Lavoisier, un destacado químico con quien colaboró en investigaciones revolucionarias. **Tradujo textos científicos, corrigió errores en ellos y documentó experimentos**. Durante la Revolución francesa, como ocurrió a muchos nobles, su marido fue encarcelado y posteriormente ejecutado. Marie-Anne luchó por su liberación antes de ser también ella encarcelada. Tras su liberación, **publicó los descubrimientos pendientes de Antoine**. Su hogar siguió siendo un lugar de discusiones científicas hasta su muerte. Su contribución a la química fue muy significativa, aunque a menudo no se le ha dado el reconocimiento que tanto merece.

JOAN CLARKE

Inglaterra, 1917-1996

«A veces es la gente que nadie se imagina la que hace las cosas que nadie puede imaginar».

Brillante estudiante de matemáticas en Cambridge desafió las normas de su época y se convirtió en una destacada criptóloga. Se unió a la **Escuela de Código y Cifrado** del Gobierno británico durante la Segunda Guerra Mundial, donde desempeñó un papel crucial en descifrar el **código Enigma** de los nazis. A pesar de comenzar solo en tareas administrativas, su conocimiento y su colaboración con Alan Turing la llevaron al éxito al descifrar dicho código. Su contribución acortó la guerra y salvó muchas vidas. A pesar del secretismo en su trabajo, su legado perdura y se reconoce su importancia en la historia de la criptografía.

TU YOUYOU

China, 1930

«Todo científico sueña con hacer algo que pueda ayudar al mundo».

Después de superar una grave infección de tuberculosis de niña, se convirtió en investigadora médica. Su interés por la **medicina tradicional china** la llevó a investigar tratamientos contra la malaria durante la guerra de Vietnam, a raíz de los cuales **descubrió una medicina en una planta tradicional** eficaz contra esta enfermedad. Su trabajo ha salvado millones de vidas en el mundo en desarrollo. Su contribución la ha hecho merecedora del Premio Nobel en Fisiología o Medicina en 2015, siendo la primera persona de origen chino en recibir este premio y la primera mujer ciudadana de la República Popular China en recibir un Premio Nobel.

MARY LEE WOODS

Inglaterra, 1924-2017

> «Necesitamos diversidad de pensamiento en el mundo para afrontar los nuevos desafíos». Tim Breners-Lee

Destacó en matemáticas desde joven. Trabajó en radares durante la Segunda Guerra Mundial y, luego, estudió Astronomía en Australia. Regresó al Reino Unido y contribuyó al desarrollo del **primer ordenador digital comercial**. Luchó por la **igualdad salarial femenina**. Como madre de cuatro hijos, trabajó desde casa para el Gobierno y, después, se convirtió en profesora y consultora de programación. Influyó en sus hijos, entre los que destacan Tim Berners-Lee (el «padre de Internet») y Mike Berners-Lee (un destacado investigador en huella de carbono y cambio climático).

MARIE SKŁODOWSKA-CURIE

Polonia, 1867 - Francia, 1934

«En la vida, no hay nada que temer, solo cosas que comprender».

Fue siempre conocida por su pasión por la física y la química. En París, junto con su marido, Pierre Curie, investigó los elementos químicos, descubriendo el polonio y el radio, y acuñó el término «radiactividad». Marie fue **la primera mujer en ganar un Premio Nobel y la primera persona en ganar dos en campos científicos diferentes** (en Física en 1903 y en Química en 1911). Tras quedar viuda en 1906, continuó su trabajo en **radiactividad** y, en la Primera Guerra Mundial, el mundo reconoció la importancia de sus hallazgos en medicina: los **rayos X**. Fue la primera mujer profesora en la Universidad de París. Marie revolucionó la ciencia con su trabajo innovador, subrayando la importancia de la colaboración en la búsqueda del conocimiento.

MARGARITA SALAS

España, 1938-2019

«Un país sin investigación es un país sin desarrollo».

Superó las limitaciones de género y destacó en bioquímica. Su carrera se inspiró en su pasión por la química, y su encuentro con Severo Ochoa la llevó a estudiar Genética y Virología en Nueva York. A pesar de la discriminación en España, trabajó muy duro, destacando por el descubrimiento de cómo funciona la **maquinaria genética de algunos virus**, lo que contribuyó inmensamente a su conocimiento básico. Patentó su descubrimiento y lo aplicó con mucho éxito. Ingresó en prestigiosas academias científicas, promovió la divulgación científica y sigue siendo un ejemplo de dedicación ciega a la ciencia. Con su legado deja claro la **importancia de apoyar la investigación** en España.

MARYAM MIRZAKHANI

Irán, 1977 - Estados Unidos, 2017

«La belleza de las matemáticas solo se muestra a los seguidores más pacientes».

Destacó en matemáticas desde joven. Ganó medallas de oro en las Olimpiadas Matemáticas en 1994 y 1995, convirtiéndose en la primera estudiante iraní femenina en lograrlo. Obtuvo su doctorado en Matemáticas en la Universidad de Harvard y se convirtió en profesora de la Universidad de Stanford. Su trabajo en **geometría hiperbólica** y **topología de baja dimensión** tuvo implicaciones en la física y la teoría cuántica de campos. Maryam fue **la primera mujer en recibir la Medalla Fields**, un prestigioso galardón en matemáticas, equiparable al Premio Nobel. Su enfoque original y contribuciones a la matemática han sido ampliamente reconocidos. A pesar de su muerte a los cuarenta años debido a un cáncer de mama, su legado perdurará siempre.